Merveilles des chemins de

Compostelle

« Avec la Beauté resplendit la lumière

Au ciel, nous contemplerons la Beauté en face

Nous n'aurons plus besoin de l'art.

Sur terre, nous ne pouvons jamais nous en passer. »

Gervais de Canterbury (1141-1210).

À Françoise, pour sa participation indispensable, avec toute ma reconnaissance.
Yvon Boëlle

À Colette, pour son infinie patience.
Patrick Huchet

Merveilles des chemins de Compostelle

TEXTE **Patrick Huchet** PHOTOGRAPHIES **Yvon Boëlle**

Editions Ouest-France

Avant-propos

Pour toi, l'humble villageois de

Vue de la chaîne des Pyrénées depuis les hauteurs du monastère de San Juan de la Peña, Aragon, octobre 2002.

Villambistia

Quelques prunes posées sur la borne du Camino...

Ce mardi 14 septembre 1999, voici plus d'un mois que se dessine ma pérégrination : fini le redoutable bitume des départementales de France, place à la voie lumineuse du grand chemin d'Espagne. Ce jour-là, il fait frais, temps idéal pour la marche, qui est l'ordinaire quotidien du pèlerin. A Belorado, sous une pluie fine, qui n'est pas sans rappeler ma Bretagne natale, je rejoins dans une auberge quelques companeros en quête, comme moi, d'une boisson chaude.

Il y a là Joris, colosse hollandais frisant le double mètre, Tina et Kiri, pérégrines brésiliennes, dont la joie de vivre exubérante anime les soirées aux gîtes d'étape. Un grand bol de café et me voilà prêt à affronter les Montes de Oca, collines boisées, autrefois redoutées. Sous un ciel bas et menaçant, je traverse des hameaux dont les demeures aux toitures effondrées traduisent toute la détresse. Villambistia s'annonce ainsi sous un visage des plus tristes... et puis, je les devine de loin, se détachant rouge carmin sur le blanc de la borne : de belles prunes offertes à la tentation du passant. Est-ce un pèlerin me précédant qui s'est délesté de ces quelques fruits, si peu encombrants ? Ou alors, un habitant du village qui a eu cette délicate attention ?

Oui, il est là, se découvrant à peine, près de l'entrée de son pauvre logis. D'un franc sourire, il me fait signe de les prendre... ce que je fais... avant de m'arrêter quelques mètres plus loin, incapable de retenir mes larmes, bouleversé par ce geste de fraternité, si banal en apparence, si fort en son extrême simplicité.

Sur les murs de la cathédrale de Compostelle, scintille une étoile sculptée au-dessus du sépulcre de l'apôtre, en souvenir de l'astre ayant guidé l'ermite Pelayo vers le Campus Stellae, le « Champ de l'Etoile », où fut découvert le tombeau de marbre. Et depuis lors, le Camino de Santiago se confond avec la Voie lactée, aux mille et une merveilles : paysages somptueux des montagnes pyrénéennes ou de la Meseta castillane, splendeurs de l'art roman s'affichant sur la façade Notre-Dame-la-Grande à Poitiers, les tympans de Conques et Moissac, les chapiteaux de Vézelay, Fromista, les fresques de San Isodoro à Leon... mais ce qui rend ce chemin à nul autre pareil, c'est la rencontre, l'échange entre des pèlerins de tous horizons, de toutes conditions... une si belle voie d'humanité.

Page de gauche, lumière de fin de journée sur un personnage (soldat ou serviteur ?) au fronton du porche de la cathédrale Sainte-Marie, Oloron, Pyrénées-Atlantiques, septembre 2002.
En haut, crépuscule sur l'église Santa Monica de San Vicente de la Barquera, Cantabrie, octobre 1998.

INTRODUCTION

PARFOIS LE PÈLERIN EST BIEN SEUL QUAND L'ORAGE GRONDE SUR LES MONTES DE LEÓN, OCTOBRE 1998.

Un jour sur le Camino

LES ROCHES OCRE DE LAS MEDULAS DANS LE BIERZO, PARSEMÉES DE VÉNÉRABLES CHÂTAIGNIERS, MARS 1999.

« PLUIE DU MATIN N'ARRÊTE PAS LE PÈLERIN. »

A peine ai-je quitté le confortable refuge de Sahagun qu'il me faut appliquer ce dicton bien connu sur les chemins de Saint-Jacques. Une pluie froide et drue noie les ruelles ensommeillées de la cité castillane, sous un voile de tristesse.

« Pluie du matin n'arrête pas le pèlerin. »

La subissant depuis plus d'un mois, je la connais par cœur, l'horrible chanson. Moi qui m'imaginais dévorant la Meseta sous un soleil de plomb, c'est au régime averses et plafond bas que j'avance, pas à pas. Je pressens même que le menu proposé ce dimanche 19 septembre 1999 sera pour le moins indigeste ; plat unique : une ligne droite, quasi continue, de… 36 kilomètres ! En effet, jusqu'à Mansilla de Las Mulas, le sentier file, rectiligne, tout juste bordé de maigres arbustes plantés tous les neuf mètres, censés apporter une ombre bienfaisante aux pèlerins livrés à eux-mêmes, sur ce chemin de grande solitude.

L'horizon s'est fait noir… tout noir… noir de peur, sous le ciel d'apocalypse : les vannes célestes se sont ouvertes, laissant se déverser de furieuses trombes d'eau, tandis que les rafales d'Eole déchaîné ajoutent une note d'horreur à cette symphonie de fin de monde.

Que faire ?

Choix cornélien en pleine tempête : rebrousser chemin, regagner le gîte… oui, mais rappelle-toi : « Pluie du matin… » ou alors, poursuivre la route, coûte que coûte. Miracle ! cet arbre maigrelet, que je devine à cent mètres du sentier, sous les branches constellées d'épines duquel je trouve un abri providentiel. Et m'y voilà figé, frigorifié, les doigts bientôt gelés. Sans plus attendre, s'invite l'existentielle question :

« Mais qu'est-ce que je fais là ? »

Moi qui, depuis l'adolescence, ai perdu la foi et ne l'ai plus retrouvée. Oui, pourquoi suis-je donc parti à Compostelle ? Pourquoi subir ces horribles ampoules, ces gîtes d'étape, où je dors si mal, vouant aux gémonies les ronfleurs exerçant leur coupable activité en toute impunité. Je revois, très précisément, la scène qui répond, en partie, à cette interrogation, ce repas, au mois de mai 1996, et l'éditeur Henri Bancaud me demandant soudain :

« Patrick, est-ce que ça t'intéresserait de travailler sur Compostelle ? »

Le Christ en majesté du tympan de Conques, le prophète Jérémie de l'abbatiale de Moissac m'ont vivement conseillé de répondre par l'affirmative, ne mesurant aucunement

PAGE DE DROITE, À QUELQUES LIEUES DU COL DE SOMPORT, LE PONT DES PÈLERINS À CANFRANC PUEBLO, ARAGON, OCTOBRE 2002.

ES PELIGROSO ENTRAR
EN EL CAUCE

les conséquences d'une telle initiative. Trois mois plus tard, en juillet, accompagné de Colette, mon épouse, je partais, d'humeur joyeuse, à l'assaut des sentes du Velay, de la Margeride et de l'Aubrac… Ah ! l'Aubrac, ses drailles bordées de verts pâturages, où paissent les belles (vaches), au regard « andalou », sous l'œil vigilant d'énormes taureaux, véritables pachas régnant sur leurs placides harems… Le livre *Les Chemins de Compostelle en Terre de France* voyait ainsi le jour.
Deux ans plus tard, nous découvrions, éblouis, le Camino serpentant entre les blancs villages de Navarre (ah ! Cirauqui), l'immensité désolée de la Meseta (ce lever de soleil sur Castrojeriz !), les petits chemins creux de Galice… *Les Chemins de Compostelle en Terre d'Espagne* était né… sous une bonne étoile !
Oui, mais voilà, la frustration était grande de ne pas avoir fait le Chemin de bout en bout, en une seule fois. Ma (ferme) résolution étant prise, je décidai de partir de Quiberon le 1er août 1999, pour rejoindre Santiago, le 5 octobre, jour de mes… 50 ans.
Et ce matin, je suis là, transi de froid… et mon poncho qui de toute part prend l'eau… Alors, je les vois, mes frères de misère, compagnons d'infortune, progressant lentement, tel un convoi funèbre poursuivant son improbable destin. C'est beau et terrible à la fois. En tout cas, cette image s'est gravée en ma mémoire, comme l'un des souvenirs les plus forts de ma pérégrination.
« Pluie du matin n'arrête pas le pèlerin. »
Ne pouvant décidément faire mentir le proverbe, je me décide enfin à rejoindre la voie pèlerine, soutenant de vibrants « Ultreïa ! » l'ardeur des marcheurs, que je sens faiblir dans la tourmente. Harassés et fourbus, à bon port sommes enfin parvenus, au hameau de Bercianos del Real Camino.
Les propriétaires de l'unique bar du village sont sans doute habitués à de telles conditions, qui, sur le plancher, ont déployé force cartons. Chacun s'est entièrement

Quelle émotion pour le pèlerin d'aujourd'hui de fouler les pavés du très ancien pont édifié au-dessus du rio Salado, déjà évoqué au XIIe siècle dans le « Guide du pèlerin de saint Jacques », octobre 2002.

changé, avant de prendre une délicate décision : attendre que cesse le déluge ou gagner, en taxi, la ville-étape prévue. Quelques-uns ont « craqué », choisissant cette solution. Les autres sont restés, attendant patiemment que se calment les éléments.
Devant un bol de chocolat bien chaud, avec Jacques, jeune pèlerin belge de… 74 ans, j'ai engagé la conversation, sans me douter qu'allait naître une belle amitié, entre un fervent croyant, parti rendre hommage à « Messire saint Jacques », (ainsi qu'il aime à désigner l'apôtre), et un mécréant, en quête de… quelle réponse apporter : quête de soi ¿ aventure humaine… ¿ Trois heures durant, nous deviserons de tout et de rien, de la Bretagne et de la Belgique, de la famille, pour toujours revenir à ce sujet sans fin : le Chemin. D'une voix posée, Jacques me glisse quelques impressions vécues depuis les Pyrénées, son bonheur de marcher, sur cette voie sacrée, en toute sérénité. Son calme, sa force tranquille m'impressionnent vraiment. J'ose à peine me plaindre des intempéries que j'ai subies depuis mon départ, si souvent.
En tout début d'après-midi, profitant de l'apparente accalmie, chacun est reparti, à son rythme, pour rejoindre El Burgo Raneros. A 15 h 30, la cheminée du refuge de cette paisible localité réchauffait un pauvre hère meurtri qui, sous les couvertures se précipita… et aussitôt s'endormit.
La journée s'était révélée riche d'émotions, la soirée allait être à l'unisson. A l'heure du dîner, les conversations s'animent dans les gîtes d'étape, les uns proposant de mettre en application leur talent culinaire sur place, les autres fuyant cette perspective de repas « spartiate », qui se résume le plus souvent à une montagne de pâtes. Tandis que Jacques et moi-même quittons l'excellent refuge municipal, un pèlerin français se joint à nous, souhaitant lui aussi déguster les spécialités locales. Nous voici bientôt attablés dans un de ces petits restaurants locaux, auxquels le Camino de Santiago a apporté un souffle nouveau.

Du sommet d'Orzanzurieta, Pyrénées,
avant de descendre vers Roncevaux, août 2001.

Allez savoir pourquoi, l'entrée n'est pas encore servie, que la conversation s'engage sur l'Algérie. René, l'invité de la dernière heure, qui a participé à ces douloureux « événements » (durant des décennies, ce vocable servit à désigner cette véritable guerre qui ne voulait pas avouer son nom, laquelle fit des centaines de milliers de morts chez les Algériens, des milliers chez les appelés du contingent), s'emporte, s'enflamme, dénonçant les « belles paroles » du général de Gaulle (« la France, de Dunkerque à Tamanrasset »), le traitant même en des termes que je ne peux, ici, exprimer.
C'est plus que je n'en puis supporter ; je clame, à mon tour, le droit des peuples à disposer d'eux-mêmes, principe premier de la démocratie, le traumatisme d'avoir perdu mon père « mort pour la France » en Indochine, autant dire pour une cause que je réfute absolument, l'exploitation coloniale. Le ton est monté si haut qu'un silence pesant s'installe, quand prennent fin ces violentes invectives. Imaginez la tête des autres convives : Jacques nous regarde, silencieux, consterné, les Espagnols sont tout aussi atterrés. Le repas va-t-il tourner au pugilat ?
Pas du tout, rassurez-vous : René et moi-même décidons de mettre un terme au conflit, en éliminant du menu tout sujet politique, engageant, inévitablement, de véhémentes polémiques. La paix s'est installée, le temps est venu de l'échange, celui où chacun livre, peu à peu, les raisons, les motivations de sa pérégrination. Comme Jacques, René est un chrétien pratiquant, convaincu, qui, l'heure de la retraite ayant sonné (à l'issue d'une brillante carrière dans l'industrie pétrolière), a décidé de réaliser son rêve : faire le Chemin de Compostelle. Pour ma part, j'ai toujours autant de mal à me « justifier », insistant une fois de plus sur le désir, le besoin de me retrouver face à moi-même, à l'approche du demi-siècle. Je leur avoue, égale-

Image emblématique du chemin : le pèlerin perdu dans l'immensité de la Meseta, août 1998.

ment, que je suis très impressionné par la richesse, la qualité des rencontres faites sur les sentiers de France et d'Espagne. Je ne leur ai point parlé de ces prunes offertes par le villageois de Villambistia, parce que je sais qu'alors j'aurais pleuré et ça, je ne le voulais pas… et pourtant Dieu sait que ce geste m'a marqué.

Ce dimanche sur le Camino aurait pu être un jour de marche ordinaire. Il symbolise, en fait, ce qui le rend « magique », à nul autre pareil : plus que les difficultés climatiques, je retiens la naissance d'une amitié avec Jacques et René, qui ira chaque jour grandissante, jusqu'à la grand-place de l'Obradoiro, à Santiago. Chaque soir, nous nous retrouvions autour du désormais traditionnel « menu d'el peregrino », pour décider ensemble de la prochaine ville-étape. Et bientôt, Marie-José, Mireille et Anne-Françoise rejoindront nos tablées… très animées.

Le 5 octobre, comme prévu, à Compostelle, sommes tous parvenus, heureux d'avoir gagné la cité sainte de Galice. Oui, chacun se réjouit… et déjà s'interroge sur son retour au quotidien, à la « civilisation » car, pendant quelques semaines, un, deux, trois mois au plus, nous avons vécu hors de toute astreinte, de toute contrainte. Demain, j'abandonne mon fidèle compagnon, ce sac à dos qui me semblait si lourd, les premiers jours, et qu'il me coûte de poser aujourd'hui. Demain aussi, les yeux embués de sourires et de larmes, je quitterai mes nouveaux amis… Allez vous étonner que tant de pèlerins reprennent les chemins de France, de Navarre et d'Espagne ! C'est un fait avéré, fort nombreux sont les titulaires de la « Compostela » à repasser leur diplôme sur les voies d'Auvergne et de Gascogne, de Touraine et Poitou, d'Aquitaine et Guyenne, de Béarn et Pays basque… envoûtés par la Voie lactée ; combien ont poursuivi leur quête du sacré sur les sentiers de la Rioja, Castille, Leon…

René s'est lancé sur la voie du Puy ; Jacques a fait encore plus fort : à 75 ans, l'été 2000 l'a vu partir lui aussi de la « capitale » du Velay, l'été 2001, de Vézelay, l'été 2002, de Paris pour rejoindre Tours.

Il faut ici rendre hommage aux associations, qui se dévouent sans compter, pour baliser et remettre en usage ces voies pèlerines que nous redécouvrons, avec tant de plaisir, à l'aube de ce troisième millénaire… non sans observer qu'aujourd'hui comme hier tous les chemins mènent à… Compostelle !

Caresses du vent sur les blés mûrs
de Castille, juillet 2000.

Tous les chemins mènent à…

Paysage d'après moisson près de Najera, Navarre, août 1998.

Compostelle

« Si par hasard, tu traverses les Landes en été, prends soin de préserver ton visage des mouches énormes qui foisonnent surtout là-bas et qu'on appelle guêpes ou taons ; et si tu ne regardes pas tes pieds avec précaution, tu t'enfonceras rapidement jusqu'aux genoux dans le sable marin qui là-bas est envahissant. »

Ces conseils du *Guide du pèlerin de Saint-Jacques* me trottinent dans la tête, en cette chaude matinée du mercredi 25 août 1999, alors que j'arpente, sous la canicule, l'infernal bitume de la départementale 932, s'étirant de Captieux à Roquefort-de-Marsan. Pour le jacquet d'aujourd'hui, ce ne sont plus les taons ou « *mouches énormes* » qui le menacent, dans ce pays couvert de forêts de pin, mais un ennemi autrement plus redoutable, l'automobile : des centaines de voitures et camions dévorant les kilomètres, telles des hordes sauvages livrées à elles-mêmes. Oui, cette traversée des Landes, située, au Moyen Age, sur la voie de Vézelay, a décidément bien changé !

Itinéraires et voies jacquaires

Qu'il soit bien clair, une fois pour toutes, que dans quelque pays européen que ce soit, aucun « chemin de Saint-Jacques » n'a été créé spécialement pour les pèlerins de Compostelle. Ceux-ci ont tout simplement emprunté les voies existantes, pour aller vénérer le tombeau de l'apôtre. Le réseau dense des itinéraires jacquaires, en Europe, se calque sur celui de la voirie de l'époque. La seule exception concerne le « Camino Francés », en Espagne, où le pèlerinage a engendré des modifications de l'ancienne voie romaine filant de Bordeaux à Astorga. Pendant des siècles, les jacquets ont défini, eux-mêmes, leurs propres itinéraires, en fonction des circonstances : volonté d'aller honorer tel ou tel sanctuaire, réputé pour ses reliques et corps saints, conseils « avisés » des moines les ayant hébergés, menaces de guerres ou conflits (et Dieu sait qu'ils furent incessants à l'époque féodale), risques d'épidémies (la peste, si redoutée) signalés dans telle contrée...

Page de gauche, un pèlerin avec ses attributs, détail de la verrière de Châtillon-sur-Seine (Côte-d'Or), juin 2002.

La situation est bien différente aujourd'hui, où des topo-guides fort détaillés, auxquels vous pouvez vous fier (presque) aveuglément, facilitent grandement votre parcours, au départ de Vézelay, Paris, Arles ou du Puy-en-Velay... Mais qui vous empêche, éventuellement, de partir de chez vous ? C'est la solution choisie par moult pèlerins, quittant un jour leur « home, sweet home », pour s'en aller, par les Pyrénées et la Voie lactée, gagner, de l'apôtre, le sanctuaire sacré.

Ce fut, d'ailleurs, mon propre choix... à quelques kilomètres près. En effet, je ne suis point parti du Fort-Bloqué (en Ploemeur, Morbihan), où je réside, près de l'Océan, mais de Quiberon, de la chapelle Saint-Clément, pour rendre hommage à de glorieux jacquets d'antan. Nichée au fin fond de la presqu'île, cette ancienne église romane subit, comme tant d'autres, « l'outrage des ans », sous les assauts constants du sable et des vents. Lors de fouilles pratiquées, à la fin du XIXe siècle, surgirent du néant plusieurs sarcophages des XIIe et XIIIe siècles, abritant des squelettes, dont quatorze arborant une coquille. Ils respectaient ainsi la coutume qui voulait qu'au Moyen Age le pèlerin de Saint-Jacques soit inhumé avec le symbole de son « sainct voïatge ».

Tout comme les jacquets bretons d'autrefois, j'ai mis le cap sur Saintes, sanctuaire médiéval célèbre dans l'Occident chrétien, pour son tombeau de saint Eutrope. Le souvenir du passage des pèlerins de Bretagne s'est d'ailleurs maintenu dans la cité de Saintonge, dans son port et sa rue des « Bretons ». Bien sûr, j'ai parfois souffert sur les petites routes bretonnes et vendéennes, en raison surtout de la pluie, qui ne m'a guère quitté depuis le barrage d'Arzal (ah ! le passage du pont de Saint-Nazaire, sous les trombes d'eau, frôlé par les camions du cirque Pinder), mais j'ai aussi connu de grandes joies, le vrai bonheur en traversant le Marais poitevin et le pays des Vals de Saintonge, ou j'ai pu admirer de si belles églises romanes.

A ce sujet, permettez-moi de vous livrer cet extrait de mon « carnet de pèlerinage », dûment tenu au jour le jour.

Eglise Saint-Pierre de Melle en Saintonge judicieusement éclairée pour mettre en valeur ses charmes romans, août 2002.

Dimanche 15 août : Fenioux-Courpignac

Hier après-midi… sous la pluie… j'ai gagné un petit village perdu dans les bois, Fenioux. Qui se douterait que cette paisible localité recèle deux joyaux de l'art roman : son église (XIe-XIIe) et sa lanterne des morts (XIIe). Leur élégance, la pureté de leurs lignes témoignent de l'incomparable savoir-faire des sculpteurs saintongeais. Après avoir contemplé, à satiété, ces merveilles du passé, un gîte confortable chez Mme Autil, ai déniché. En ce havre de paix, me suis endormi, en toute sérénité, après avoir médité *Les Pensées de Lao Tzeu*, ouvrage de philosophie trônant au-dessus du lit.

Au petit matin, divine surprise, ce logis des plus « zen » à peine quitté, une borne d'un blanc immaculé m'invite à prendre le sentier balisé du GR 360, Saintes : 24 km. Alléluia ! alléluia ! pas de bitume au programme du jour, rien que des chemins creux, sinuant dans les taillis et sous-bois, agrémentés de chapelles ou églises… romanes (dont celle de Saint-Martial, au Douhet, à la façade richement sculptée). Je m'imaginais la Saintonge totalement plane, en fait de collines et vallons, je fus largement servi et, c'est bien fatigué, que j'atteignis, en fin de matinée, les greens du golf dominant cette cité renommée depuis l'Antiquité : Saintes. Une heure plus tard, l'ombre bienfaisante de la crypte de Saint-Eutrope accueillait un pèlerin éreinté. Devant le tombeau d'Eutropius, évêque et martyr, brûlait un unique cierge, en harmonie parfaite avec l'étonnante simplicité de ce lieu saint si réputé. Le pape Urbain II, lui-même, ne vint-il pas, en personne, en 1096, consacrer la crypte et la basilique. En cette chapelle souterraine, aux formidables arcs et piliers romans, je les ai entendues ces foules pèlerines, accourant d'Irlande et d'Angleterre, de Paris et de Normandie, de Bretagne et de Touraine, d'Anjou et de Poitou, pour se recueillir devant ce précieux corps saint, auquel le *Guide du pèlerin* rend un vibrant hommage, citant de nombreux miracles :

« Sur le chemin de Saint-Jacques, à Saintes, les pèlerins doivent dévotement rendre visite au corps du bienheureux Eutrope… Ceux qui y viennent affligés de tous genres de maladies, sont rapidement guéris, les boiteux se redressent, les aveugles retrouvent la lumière ; l'ouïe est rendue aux sourds, les possédés sont délivrés et à tous ceux qui le demandent d'un cœur sincère, une aide salutaire est accordée… »

Je viens d'évoquer (une fois de plus !) le *Guide du pèlerin de Saint-Jacques*, il est temps de nous pencher à présent sur cet inestimable manuscrit.

LA CRYPTE SAINT-EUTROPE DE SAINTES EST SANS DOUTE L'UNE DES PLUS ENVOÛTANTES DE FRANCE, SEPTEMBRE 2002.

PLAQUE DE BRONZE ÉVOQUANT LES CHEMINS, SUR LES HAUTEURS DU CEBRERO, À L'ENTRÉE DE LA GALICE, JUILLET 2001.

LES « GUIDES », À USAGE DES JACQUETS

L'humilité doit être la vertu première de l'historien (comme du pèlerin !) et je bats ma coulpe le premier, imaginant le *Guide du pèlerin de Saint-Jacques*, feuilleté par des cohortes de marcheurs de l'apôtre, pressés d'en découvrir les très utiles recommandations, tels nos modernes voyageurs tirant si grand profit des « Guides Michelin » et autres « Guides du Routard ».

Il faut (hélas) faire le deuil d'une large diffusion, comme le révèle la très docte étude des universitaires, Alison Jones et Jeanne Krochalis, *Qui a lu le guide du pèlerin de Saint-Jacques ?*

« Pendant les huit premiers siècles de son existence, ce "guide" devenu si populaire jouissait en fait d'une réception extrêmement limitée. Car il n'y a que douze manuscrits existants, dont dix produits dans la péninsule Ibérique, un en Angleterre, un en Italie – aucun en France, ni dans l'Empire germanique, ni dans les pays scandinaves. D'après la collation de ces douze copies, nous pouvons ajouter autant, peut-être, de copies perdues… Ce ne fut certainement pas le texte de renseignements qu'emportait tout pèlerin dans son aumônière…

Peut-on l'identifier avec Aimeri Picaud, prêtre de Parthenay-le-Vieux, auteur, selon l'en-tête, de l'une des chansons qui termine le dernier cahier du "guide" ? C'est bien possible, mais rien n'au-

PAGE DE DROITE, MORBIHAN, LE PONT BREC'H, INTERROMPU, UN DES HAUTS LIEUX DES CHEMINS DE PÈLERINAGES EN BRETAGNE, NOVEMBRE 1998.

torise à l'affirmer avec certitude… » (*Pèlerinages et Croisades*, Editions du CTHS, 1995.)

S'il n'est point le « guide » dont disposait tout pèlerin partant pour Santiago, cet ouvrage garde néanmoins toute sa valeur pour la connaissance des voies pèlerines, des sanctuaires les plus réputés de France, de précieuses informations au sujet du passage des fleuves et de la qualité de leurs eaux, de la description très précise de la cathédrale de l'apôtre.

Force est de constater que jusqu'à l'époque contemporaine, les pèlerins de Compostelle n'eurent jamais à leur disposition de « guide », au sens où on l'entend de nos jours, tout juste des itinéraires conseillés, à l'initiative de confréries jacquaires le plus souvent, ainsi :

- Le *Guide*, daté de 1603, destiné aux *« dévots pèlerins de Rouen »,* mettant lui aussi en valeur des églises à reliques réputées, telle la Sainte Trinité à Vendôme : *« N'oubliez pas de voir la sainte larme de Nostre Seigneur Jésus-Christ qui est en l'église de la Sainte Trinité au Mont-Joye, dit lieu de Vendôme. »*
- Le *Guide qu'il faut tenir pour aller au voyage de Saint-Jacques en Galice,* établi par la confrérie de Saint-Jacques de Senlis, en 1690.
- Le *Manuel* de la confrérie de Saint-Jacques d'Angers, en 1711.

Les itinéraires connus d'après les récits de pèlerinage

Si le XIIe siècle a vu la publication de plusieurs copies du *Guide du pèlerin*, il s'ensuit un étrange silence de moult décennies, jusqu'à la fin du XIVe siècle, où nous sont connus deux récits de pérégrination : l'un attribué à « l'Anonyme de Venise », l'autre à des pèlerins anglais. Le premier relate en quelques folios l'itinéraire suivi par

Le bassin de Pampelune vu du col del Perdón,
au loin les derniers contreforts des Pyrénées, octobre 2002.

un habitant de la Sérénissime, avec quelques informations sur les reliques et, surtout, la mention du miracle du « pendu-dépendu » à Santo Domingo de la Calzada. Le second, plus complet, rapporte l'embarquement à Plymouth, le débarquement à Bordeaux, puis la marche jusqu'à Santiago par Roncevaux.

Au XVe siècle, les récits du *« voiatge à saint Jacques en Compostelle »* se font plus nombreux. Celui de Nompar II, seigneur de Caumont (aujourd'hui Caumont-sur-Garonne) détaille la voie empruntée par ce preux chevalier gascon, lors de son pèlerinage, l'an de grâce 1417, à *« Saint Jaques et Notre Dame de Finibus Terre »*.

Son intérêt tient surtout à la précision des distances séparant les villes du Grand Chemin, de Caumont à Notre-Dame de Finisterre, en Galice. Ainsi livre-t-il ces étapes dans les Landes :

« De Roquaffort au Mont de Marsan…
III lieues.
Du Mont de Marsan à Saint Seve…
II lieues
De Saint Seve à Fayet mau…
II lieues. »

Cinq cent quatre-vingt-deux années plus tard, j'ai très exactement mis mes pas dans ceux du seigneur de Caumont, passant tout comme lui, par Roquefort-de-Marsan (accueil inoubliable par madame Loubié, 88 ans, gardienne des clés du gîte d'étape), Mont-de-Marsan, Saint-Sever et Hagetmau. La relation de pèlerinage de Nompar II (à découvrir dans l'édition actuelle du *Guide du pèlerin*, Librairie Philosophique J. Vrin) met surtout en lumière l'importance des miracles de saint Jacques, puisque celui du « pendu-dépendu »,

Pages suivantes

Pont sur le Rio Aragón dans la vallée de Hecho, Aragon, août 1998.

PAYSAGES DE L'AUBRAC, PRÈS DU MOULIN DE LA FOLLE, LOZÈRE, AVRIL 2001.

à Santo Domingo de la Calzada y est largement développé. La réputation de la poule et du coq de la cathédrale de cette localité s'était étendue à toute la chrétienté, dès ce siècle, comme le prouvent pratiquement tous les récits de pèlerinage qui suivent, tels ceux de deux chevaliers allemands (fin du XVe siècle), Hermann Kunig von Vach et Arnold von Harff. Kunig nous a laissé une courte relation de 640 vers, publiée à Strasbourg, en 1495. Ses dires, à propos du miracle du « pendu-dépendu », sont tout à fait conformes à la mentalité médiévale :

« Tu ne dois pas oublier les poules derrière l'autel ; le fait qu'elles sortirent du four en volant, je sais pertinemment que ce n'est pas faux car moi-même, j'ai vu le trou à partir duquel elles prirent leur envol et le four dans lequel elles furent rôties... »

Arnold von Harff partit de Cologne le 7 novembre 1496 pour gagner Rome, puis Le Caire et Jérusalem. Il revint ensuite par Venise, pour rejoindre Santiago par Roncevaux. Ayant fait ses dévotions au tombeau de l'apôtre, il revint dans ses foyers en novembre 1499. En trois ans, il avait accompli les trois grands pèlerinages chrétiens. La naissance de l'imprimerie, ce même XVe siècle, puis son essor rapide en Occident, inaugurent les Temps modernes (XVIe-XVIIIe), où fleuriront les récits du « saint voïage » à Saint-Jacques. Si celui du prêtre italien Domenico Laffi, effectué en 1673, ne risque guère de hanter les rayons de librairie, par contre, le savoureux « Voyage d'Espangne », fait par Guillaume Manier, en 1726, a heureusement vu le jour sous le titre *Un paysan picard à Saint-Jacques-de-Compostelle (1726-1727)*, accompagné d'une excellente introduction de l'écrivain Jean-Claude Bourlès, aux éditions Payot.

PAGE DE DROITE, LA FIN DU VOYAGE (?), EL CABO FISTERRA, LE CAP FINISTERRE EN GALICE... RESTENT LES GODILLOTS DU PÈLERIN ! AOÛT 2001.

« Il y a quatre routes qui, menant à Saint-Jacques, se réunissent en une seule à Puente la Reina, en territoire espagnol ; l'une passe par Saint-Gilles, Montpellier, Toulouse et le Somport ; une autre par Notre-Dame du Puy, Sainte-Foy de Conques et Saint-Pierre de Moissac ; une autre traverse Sainte-

LES « QUATRE ROUTES » DE SAINT-JACQUES

Marie-Madeleine de Vézelay, Saint-Léonard en Limousin et la ville de Périgueux ; une autre encore passe par Saint-Martin de Tours, Saint-Hilaire de Poitiers, Saint-Jean-d'Angély, Saint-Eutrope de Saintes et la ville de Bordeaux… »

FAISANT FOI À CES QUATRE ROUTES, citées par le *Guide du pèlerin*, les érudits et historiens définirent le concept de quatre grandes voies jacquaires : « Arelatensis » (voie d'Arles), « Podiensis » (voie du Puy-en-Velay), « Lemovicensis » (voie de Vézelay) et « Turonensis » (voie de Tours). Le renouveau du pèlerinage de Compostelle, depuis les années 1950-1960, a suscité un intense effort de recherche remettant en cause, bien souvent, certitudes et acquis. Réjouissons-nous et avec beaucoup d'humilité, constatons que le schéma, bien commode, des « Quatre Routes » doit être abandonné, ou simplement considéré comme des itinéraires de reliques et corps saints à vénérer.
Dans leur très bel ouvrage, *Visages de pèlerins*, publié aux éditions du Zodiaque, Pierre et Marcel Girault livrent ces pertinentes réflexions, auxquelles je souscris volontiers :
« Le Guide, composé peu avant 1140, a mis en place une

FÊTES MARIALES DU 15 AOÛT AU PUY-EN-VELAY, AOÛT 2002.

géographie imaginaire, tout entière orientée vers le sanctuaire galicien, qui aveugle encore bon nombre d'historiens. Comment a-t-on pu croire que l'auteur du Guide proposait des itinéraires tracés depuis quatre grands sanctuaires français (Tours, Le Puy, Vézelay et Saint-Gilles) pour inciter les pèlerins à s'y arrêter ¿ Il nous semble au contraire que ces lieux constituaient pour lui ce que des agents commerciaux appelleraient aujourd'hui des "bassins de clientèle", dont il convenait de capter les flux…

Le souci du Guide n'est donc peut-être pas de décrire les itinéraires existants, mais plutôt de proposer des chemins qui permettent d'exploiter le prestige de sanctuaires dont le succès est plus ancien que celui de Compostelle (et donc plus légitime en un temps où toute innovation est suspecte). Ainsi s'expliquerait la création par le Guide des routes du Puy et de Vézelay qui, ne semblent guère avoir eu de réalité historique ou littéraire au Moyen Age. Ainsi s'expliquerait aussi la mention de Sainte-Foy de Conques (c'est un pèlerinage célèbre depuis l'an mil au moins), alors que Rocamadour est ignoré (le sanctuaire marial est bien trop récent et n'est documenté comme but de pèlerinage que depuis 1112)… »

« Des chemins qui permettent d'exploiter le prestige de sanctuaires », c'est, en effet, la véritable justification de ces quatre routes proposées par le « guide ». Au Moyen Age, les quatre cités indiquées ne sont aucunement au départ d'une grande voie de circulation : les jacquets du nord de la France et de l'Europe ne partaient pas de Tours, par contre, ils y accouraient en nombre, pour se rendre sur le tombeau de saint Martin. Ceux d'Italie ou de Provence passaient par Arles, riche de plusieurs corps saints réputés. Sans entrer dans le détail de leur très riche passé, il me paraît toutefois intéressant d'envisager leur place, dans la société médiévale, vers les années 1130-1140, époque de la rédaction de cet incontournable « guide ».

Le « Camino », en Castille près de Sahagún, un chemin de grande solitude, octobre 2002.

Arles

Au XIIe siècle, l'ancienne « Primatie des Gaules » (titre qui lui a été attribué en 417, par le pape Zosime) est la plus grande ville de Provence, comptant plusieurs milliers d'habitants, siège de plus d'un archevêché. C'est parce qu'elle possède des reliques de renom, que le « guide » en fait la « tête de pont » d'une grande route pèlerine. S'il fallait encore une preuve de l'immense prestige de cette cité, sachez que c'est en la cathédrale Saint-Trophime, que se fit couronner roi d'Arles, le 30 juillet 1178, Frédéric Ier Barberousse, empereur d'Occident.

Le Puy-en-Velay

Autant vous l'avouer d'emblée, je nourris une tendresse particulière pour le chef-lieu de la Haute-Loire. Avant de m'élancer sur les sentiers du Velay, aux premiers jours du mois de juillet 1996, je pris le temps de découvrir le centre historique, dont on m'avait vanté la richesse du patrimoine… et ne l'ai point regretté. Par la rue des Tables, j'ai grimpé jusqu'au pied de la cathédrale, puis peiné sur les 134 marches du grand escalier menant à l'entrée. Les historiens d'art mettent en avant la façade animée par d'harmonieuses arcades polychromes, où se devine également l'influence hispanique. Je le leur concède volontiers, mais j'ai été surtout séduit par les très belles fresques du porche décrivant la Transfiguration du Christ et de l'archange saint Michel, à l'intérieur, puis la lumière baignant la fameuse Vierge Noire, dont la somptueuse parure laisse tout juste apparaître la tête couronnée de l'Enfant-Jésus. Comme bien des visiteurs, je me suis allongé sur un mystérieux rocher plat, la

Merveilleux travail de restauration et d'éclairage sur la façade de l'église Saint-Trophime qui a retrouvé tout son éclat, Arles, Gard, septembre 2002.

« Pierre des Fièvres », pour en éprouver les bienfaits, selon l'antique croyance…
Savez-vous que Le Puy doit sa fortune au pèlerinage à la Vierge qui, selon la tradition, apparut sur le mont Anis et guérit une habitante sur cette étrange « Pierre des Fièvres ». Une première église fut édifiée, vers 430, sur le lieu du miracle (ses fondations ont été retrouvées sous les pavés du chœur).
La réputation du pèlerinage ne cessa de croître au fil des siècles, en raison également du soutien de très actifs prélats, dont le plus connu, Gotescalc, est aussi le premier pèlerin étranger « officiel » de Compostelle. En 950-951, celui-ci se rendit à Saint-Jacques et revint par la Rioja, faisant halte au monastère de Saint-Martin d'Albada, près de Logroño. A son retour, il fit édifier un oratoire (consacré en 962) sur le rocher volcanique d'Aiguilhe (aujourd'hui, chapelle Saint-Michel d'Aiguilhe).
En 992, une foule considérable de pèlerins vint au Puy solliciter la protection de la Vierge, face à la terreur engendrée par la « fin du monde », prédite par le moine allemand, Bernhard, pour le 25 mars de cette année-là, ce jour de l'Annonciation étant également celui du Vendredi saint. L'intercession de la mère du Christ fut sans doute efficace, puisque la catastrophe annoncée n'eut pas lieu. A la suite de ce « miracle », le Vatican y institua un jubilé chaque année où l'Annonciation coïnciderait avec le Vendredi saint (c'est le plus ancien jubilé après ceux de Rome et de Jérusalem). Le premier eut lieu en 1065 ; celui de 1407 attira des centaines de milliers de pèlerins, causant, dit-on, la mort de plus de deux cents d'entre eux. Les prochains auront lieu en 2005 et 2016.

Le roi Hérode envoyant ses soldats pour le massacre des Saints Innocents, détail du porche Saint-Trophime, Arles, septembre 2002.

En 1095, le pape Urbain II vient, en personne, honorer la Vierge au Puy, représentée en une statue (attestée au Xᵉ siècle), qui aurait servi de modèle aux premières Vierges de majesté d'Auvergne (selon certains historiens). C'est sur l'autel situé au centre de la cathédrale Notre-Dame-du-Puy, qu'était exposée la célébrissime Vierge Noire, dont l'origine se voile d'un halo de mystère. Selon une hypothèse, celle-ci aurait été offerte par Saint Louis, au retour de la Septième Croisade. La statue actuelle (XVIIᵉ) trônant au-dessus du maître-autel provient de l'ancienne chapelle de Saint-Maurice du Refuge.

VÉZELAY

Fondée, vers 858-859, par le comte Girart de Roussillon, l'abbaye de Vézelay connut richesse et gloire, quand elle entra en possession des reliques de sainte Marie-Madeleine, pécheresse à laquelle Jésus accorda son pardon. La tradition rapporte qu'elle vint finir ses jours en Provence, avant qu'un moine du monastère bourguignon, du nom de Badilon, ne transporte ses précieux restes à Vézelay, *« où ils reposent aujourd'hui dans une tombe révérée »* et où se produisirent, bientôt, de nombreux miracles.
Nul ne peut affirmer, avec certitude, quand eut lieu cette « translation », par contre l'on constate que Geoffroy, abbé élu en 1037, sut parfaitement en tirer parti… et

S'IL EST UN LIEU PROPICE À LA SÉRÉNITÉ ET À LA BEAUTÉ, C'EST VÉZELAY, ACCROCHANT LES DERNIERS FEUX DE L'ASTRE SOLAIRE, MORVAN, SEPTEMBRE 2002.

immenses profits ! Il s'adresse au pape Léon IX, pour faire authentifier le corps saint de sainte Marie-Madeleine de Vézelay. Le souverain pontife confirme cette « authenticité », par une bulle datée de l'année 1050, au détriment du sanctuaire de Saint-Maximin, en Provence, qui se posait en rival.

L'abbaye de Vézelay connaît alors un essor sans précédent, dont l'apogée se situe aux XIIe et XIIIe siècles : le monastère compte cinq cents moines, la ville qui s'est développée autour, dix mille habitants. La colline sacrée est envahie par des foules de pèlerins qui ont le plus grand mal à se loger, jusque dans la cour des habitations.

En 1146, peu après l'achèvement de l'immense « vaisseau de lumière » (le soleil illumine la nef aux solstices),

La « bête » guettant la petite ville de Saugues dans le Gévaudan, avril 2001.

BASILIQUE SAINTE-MARIE-MADELEINE DE VÉZELAY, TYMPAN, BAS-CÔTÉ SUD, L'ENFANCE DE JÉSUS, SEPTEMBRE 2002.

Vézelay s'affiche comme la capitale politico-religieuse de la chrétienté, lorsque le pape Eugène III s'y rend, pour convoquer la deuxième croisade. Le 31 mars, saint Bernard, la plus haute autorité spirituelle de l'époque, y fait un prêche enflammé, en présence de plus de 100 000 fidèles et chevaliers, d'après les chroniques d'époque. Son fameux « Dieu le veut ! » s'avère efficace, puisque c'est aussi à Vézelay que, l'année suivante, le roi de France Louis VII vient prendre la croix, en présence du pape.
Lorsque je pénétrai pour la première fois dans cette basilique juchée au sommet de la « Colline inspirée », j'avais en tête ces mots, si beaux, du père Hugues Delautre : *« Du Christ du grand tympan qui clame "Je suis la porte", au-delà des vantaux du second portail, s'ouvre un chemin de lumière, rythmé avec une calme puissance par les arcades latérales, jusqu'à l'éblouissement du chœur tout ruisselant de clarté, terme de la progression liturgique et lieu privilégié de la rencontre de Dieu. »* (*La Madeleine de Vézelay*.)

TOURS

« On doit rendre visite, sur les bords de la Loire, au vénérable corps de saint Martin évêque et confesseur. C'est là qu'il est, lui qui ressuscita glorieusement trois morts et rendit à la santé qu'ils souhaitaient, lépreux, énergumènes, infirmes… »

En ce XIIe siècle, où est rédigé le *Guide du pèlerin*, Tours est une cité réputée déjà depuis plusieurs siècles, grâce au tombeau de « l'apôtre des Gaules ».
Ravagée par les hordes normandes au IXe siècle (la basilique, les vingt-huit églises, les abbayes sont détruites), la ville de saint Martin (dont les reliques ont trouvé refuge en Bourgogne) retrouve sa splendeur passée au XIe siècle, quand est édifiée une « immense et vénérable basilique ».

PAGE DE GAUCHE, NARTHEX DE LA BASILIQUE SAINTE-MARIE-MADELEINE DE VÉZELAY.

« Le réseau des voies jacquaires est complexe, fait de chemins principaux connus et de variantes suivies par les pèlerins se laissant détourner par l'attrait de reliques miraculeuses ou par la réputation d'accueil de telle abbaye ou hospice… »

Des voies pèlerines secondaires très fréquentées

Comme je partage cette affirmation de Francis Zapata, livrée dans la très savante brochure *Les Jacquets en Gironde, itinéraires et lieux de passage vers Compostelle*, éditée par l'Association des Amis de Saint-Jacques d'Aquitaine.

« La réputation d'accueil de telle abbaye ou hospice », c'est tout à fait vrai : celle de l'hôpital de Cadillac m'a fait abandonner la Voie de Tours à Pons. A l'aube du mardi 17 août 1999, comme les jacquets d'antan, je suis passé sous les voûtes de son « hôpital neuf » (XIIe), l'hospice de pèlerins médiéval le mieux préservé de tous ceux ayant existé, et j'ai très tôt atteint Belluire, réputée pour son église… Saint-Jacques (XIe-XIIe). C'est là que j'ai quitté la Via Turonensis, totalement sourd aux recommandations du *Guide du pèlerin* : « *A Blaye, sur le bord de la mer, il faut demander la protection de saint Romain ; dans sa basilique repose le corps du bienheureux Roland…* »

Le preux compagnon de l'empereur peut bien sonner de l'olifant, sa Chanson me laisse totalement indifférent. Seul m'importe de gagner Cadillac, médiévale cité, dont on m'a tant vanté l'hospitalité. Ce choix va s'avérer tout à fait judicieux. La Haute Saintonge m'offre d'abord une délicieuse promenade en terre romane : église de Mosnac-sur-Seugne, aux chapiteaux et modillons étonnants (la sirène, le centaure et les aigles y côtoient les amoureux), puis celle, toute proche, de Clion-sur-Seugne.

Je ferai halte, le soir, à Jonzac, dont je garde le souvenir d'une anecdote cocasse. Comme souvent le matin, je

Pèlerins sur le Camino, en Castille.

Matin de juin sur les bords de la Garonne près de Saint-Macaire, 2002.

recherche un copieux petit déjeuner, dans ces établissements qui font le bonheur des amoureux de la vraie cuisine française (et non cette prétendue « nouvelle cuisine » si prétentieuse). Ma dégaine de « chemineau » fait-elle si peur ? A peine ai-je franchi l'entrée de l'hôtel-restaurant du Marché que l'hôtelier m'informe, d'un air désolé, que tout est complet. Puis, avisant la coquille fixée à mon bâton de marche, change aussitôt d'avis : « *Ah ! mais vous êtes pèlerin de Compostelle.* »

Merci saint Jacques ! En cette matinée qui s'annonce pour le moins nuageuse, je ne partirai point le ventre creux. La grande salle m'accueille avec tous les honneurs, mon hôte et quelques vacanciers s'empressant, auprès de ma désormais intéressante personne, de mon parcours passé, présent et à venir, des difficultés rencontrées… Impossible de leur échapper ! Ce n'est qu'au quart passé de 9 heures (ce qui est bien tard), que je peux prendre, enfin, la petite route menant à Rouffignac, vérifiant une fois de plus le proverbe « pluie du matin… ».

C'est là que Jean-Pierre, fervent adepte du Camino, me rejoint pour m'accompagner quelques jours, sur les (rares) sentiers et les départementales de Charente, de Gironde et des Landes. Nous traverserons de charmantes localités semées sur cet itinéraire traversant l'Entre-deux-Mers : Villegouge, sa coquille et son pèlerin sculptés sur le porche de l'église, Baron, sa crypte du XIe siècle, La Sauve-Majeur,

Pages suivantes, une « draille », merveilleux chemin d'Aubrac, juillet 96.

son abbatiale monumentale, Rions, son église romane Saint-Seurin.

Par une très chaude après-midi, ce dimanche 22 août, nous atteignons la bastide de Cadillac, célèbre pour être la ville natale du fondateur de cette prestigieuse marque automobile, bien connue de tous aujourd'hui, pour son hôpital psychiatrique… où nous allons passer la nuit ! Aurions-nous perdu raison ? Pas du tout, nous savons, tout simplement, que cet établissement accueille les pèlerins de passage, respectant ainsi à la lettre les exigences du duc d'Epernon, à l'origine de la création de cet hôpital (en 1617), précisant, dans la charte de fondation, que soient établis « *six lits pour les pauvres pèlerins et passants nécessiteux auxquels seront administrés du pain et du vin et le chauffage jusqu'à deux nuits s'il en est besoin* ».

Une cellule au moins est toujours prête à accueillir les jacquets… du troisième millénaire. Nous y avons passé une excellente nuit, après avoir bénéficié d'un copieux plateau-repas, en guise de dîner. A 7 heures, le lendemain matin, par une souriante infirmière, nous fut apporté le petit déjeuner. Que la direction soit ici remerciée, qui sait garder les bonnes traditions !

Abandonnant (à regret) ces hôtes, plus que charitables, par les petites routes sinuant dans le vignoble bordelais, nous avons gagné Bazas… et la grande voie de Vézelay.

Après vous avoir conté ma propre expérience, j'aimerais, à présent, évoquer quelques voies « secondaires », au riche passé jacquaire, non sans avouer que c'est un véritable déchirement que de glisser quelques mots vite dits, là où il faudrait… une encyclopédie !

La vallée du Thouët, entre Anjou et Poitou

Au carrefour de la Touraine, de l'Anjou et du Poitou, cette vallée eut la faveur de nombreux jacquets cheminant depuis Angers ou Le Mans, en direction de Niort. De Saumur à Parthenay, le Thouët serpente, calme et tranquille, se lovant au pied de cités qui ont (heureusement) gardé la mémoire du pèlerinage à Saint-Jacques.

Saumur

Perle incontestée du Val de Loire (site désormais inscrit au patrimoine mondial de l'Unesco), la cité ligérienne apparaît, pour la première fois, en 848, sous la forme d'une mention d'un prieuré dédié à Notre-Dame de Nantilly. Le pèlerinage à la Vierge inaugure le développement d'une ville située sur un site privilégié de franchissement de la Loire, au confluent de deux vallées reliant l'Anjou au Poitou. Le « bourg » de Saumur prospère autour de l'église.

Le XIIe siècle est marqué par la construction de cinq ponts sur la Loire et de la grande église de Notre-Dame de Nantilly, où les pèlerins viennent rendre hommage à la mère du Christ, représentée en une magnifique Vierge à l'Enfant, dont l'élégance n'a rien à envier aux Vierges romanes auvergnates. Cette statue de bois polychrome, du XIIe siècle, trône dans la chapelle à droite du chœur de l'édifice actuel, restauré vers 1850, par l'architecte saumurois Joly-Leterme.

Dès ce XIIe siècle, les jacquets trouvaient gîte et couvert dans l'aumônerie sise près de l'église ou au prieuré Saint-Jacques du faubourg de la Croix-Verte.

Le Puy-Notre-Dame

« Le Puy-en-Velay », « Le Puy-Notre-Dame », comment ne pas mettre en relation ces deux sanctuaires prestigieux dédiés à la Vierge. « Puy » vient du celte « puech », signifiant petite montagne. Au XIe siècle, la colline est d'ailleurs connue sous le nom « la Montagne de Marie ».

En 1101, Guillaume IX, duc d'Aquitaine, rapporte des croisades une relique insigne : la « Sainte Ceinture de la Vierge », qu'il fait déposer dans l'église primitive. C'est sa petite-fille, Aliénor d'Aquitaine, qui fait édifier, en 1154, une vaste collégiale, pour accueillir les pèlerins sans cesse plus nombreux. Si grande était la renommée de la « Sainte Ceinture » du Puy-Notre-Dame qu'en 1638 le roi de France Louis XIII la fait venir pour son épouse Anne d'Autriche. Comme à Quintin (en Bretagne) ou à Toulouse (église Notre-Dame-de-la-Daurade), les « Ceintures de la Vierge » étaient censées faciliter la délivrance des femmes enceintes.

Volée pendant la Révolution, la relique fut restituée en 1902 et est exposée, de nos jours, sur l'autel de Saint Louis, dans cette collégiale qui se révèle l'un des exemples les plus achevés du gothique angevin, dit « Plantagênet ».

Ville fortifiée disposant de cinq portes, Le Puy-Notre-Dame connut une grande prospérité à l'époque médiévale. Poursuivant leur marche aux reliques et corps saints, les pèlerins de Compostelle mettaient ensuite le cap sur l'une des plus riches cités de la vallée du Thouët.

Thouars

La ville des puissants vicomtes de Thouars s'honore d'une histoire jacquaire, bien plus riche que je l'imaginais à priori. A l'instar de nombreux seigneurs poitevins et angevins, Geffroy IV de Thouars fit le pèlerinage, vers 1160-1170. Aux XIIe et XIIIe siècles, Thouars entretient des relations régulières avec l'Espagne : pèlerins et marchands emboîtent le pas aux preux chevaliers de la Reconquista. Il est vrai que, dès la fin du XIe siècle, Thouars jouit déjà d'une grande renommée, en raison des reliques de saint Laon (qui guérit de la folie) vénérées dans l'église édifiée par les moines de l'abbaye.

Outre l'hostellerie de l'abbaye de Saint-Laon, intra-muros, la cité proposait de nombreux établissements d'accueil hors les murs :
- devant la porte-au-prévost, la maison-Dieu de la Madeleine, possession de l'abbaye d'Airvault,
- sous la muraille Sud, le prieuré des bénédictines de Saint-Jean,
- près de la porte Nord, l'aumônerie Saint-Michel,
- à proximité de la porte Saint-Jacques, dans le faubourg de Montauban, le prieuré Saint-Jacques et une aumônerie fondée par un certain Renaud.
Il faut prendre son temps pour découvrir Thouars et son riche patrimoine médiéval, avec une mention particulière pour l'église romane Saint-Médard, dont le portail Nord révèle une incontestable influence hispano-mauresque.

Saint-Jouin-de-Marnes

Au carrefour de plusieurs voies romaines, un ermite, du nom de Jovinus, vécut, en ces lieux, au IVe siècle. A sa mort, son tombeau vit fleurir, tout comme à Tours, de nombreux miracles. Dès le haut Moyen Age, une abbaye portant le nom de Saint-Jouin-de-Marnes y prospère, entretenant le culte du saint ermite.
Du XIIe au XVIIe siècle, elle hébergera les jacquets de passage, non seulement en ses murs mais aussi dans les prieurés et aumôneries des villes voisines : Saint-Fulgent, Saint-Clémentin...
L'église abbatiale, édifiée aux XIe-XIIe siècles, s'affirme comme un chef-d'œuvre de l'architecture romane poitevine. Sa façade s'ouvre comme un grand livre d'images, dont le sujet principal est le Peuple de Dieu, l'Eglise en marche depuis le début des temps jusqu'au Jugement dernier.
Une preuve supplémentaire entre l'abbaye et Compostelle nous est fournie au XVIIe siècle dans la mention de l'inhumation, au cimetière jouxtant le monastère, de Jean Garonnial « *venant de voyage de Saint-Jacques en Compostel comme il appert par son acte de confession et communion faict audit Compostal en datte du 29 juillet 1668* », décédé le 18 décembre de cette même année, à l'hôpital de Saint-Jouin.

Airvault

J'éprouve toujours bien du plaisir, à flâner dans les ruelles de cette tranquille cité, dont le centre historique est tout entier occupé par se remarquable abbatiale. L'histoire nous apprend qu'une première église romane fut fondée, en 973, par Hildegarde d'Aulnay, vicomtesse de Thouars, après son mariage avec le vicomte Herbert Ier de Thouars, en 965. C'est en 1096 que l'abbé Pierre de Saine-Fontaine relance les travaux de cet édifice qui ne sera achevé qu'au XIIIe siècle. C'est d'ailleurs près du chœur de cette église, consacrée le 31 octobre 1100, que vous pourrez admirer le tombeau de cet illustre abbé d'Airvault, dont certains éléments de décoration se retrouvent sur la bordure enluminée d'une page du cartulaire d'Oviedo (conservé dans les archives de la cathédrale).
J'allais oublier de mentionner les grandes coquilles ornant la façade de cette très belle abbatiale, à découvrir absolument.

Parthenay

A l'égal de Saint-Jean-Pied-de-Port (et peut-être même mieux !), la capitale de la Gâtine possède l'un des plus riches patrimoines jacquaires de France.
A son retour de pèlerinage, en 1169, Guillaume IV de Parthenay fait construire une maison-Dieu (ou prieuré de la Madeleine), hors les murs, à l'entrée du faubourg Saint-Jacques. De cet édifice subsistent les vestiges de l'aumônerie, dont une restauration récente des peintures murales met en lumière les couleurs ocre et rouge.
C'est là que j'abandonne mon véhicule pour gagner, à pied, le pont, la porte fortifiée et la rue, dédiés à saint Jacques, qui constituent un étonnant ensemble médiéval. Après un salut à la petite Vierge Noire, dont l'effigie trône sur la façade d'un logis (près de l'Office de tourisme), je déambule au hasard de cette « vault », ruelle bordée d'échoppes anciennes. Il me semble y entendre les mots de Marie Mauron : « *Le chant des cloches accueillant les groupes de pèlerins. Derrière les riches, à cheval et les bannières déployées, venait, marchant au chant des cantiques, la piétaille fourbue...* »
Je ne puis quitter Parthenay sans mettre en lumière une église... romane, qui me tient à cœur : l'église Saint-Pierre. Situé hors les murs, au Moyen Age, en Parthenay-le-Vieux, cet édifice, caractéristique de l'art roman poitevin (daté de la fin XIe-début XIIe siècle), possède une façade remarquable, sur laquelle se détache une certaine sculpture, dans l'arcature gauche. A première vue, il s'agit d'un chevalier partant à la chasse au faucon. En fait, il faut y voir plusieurs symboles : la mitre du cavalier rappelle le rôle d'un seigneur de Parthenay, Josselin II, fait archevêque de Bordeaux, en 1059, ardent propagandiste de la Réforme grégorienne. Ce prélat porta si haut le nom des Parthenay que ses descendants obtinrent le droit d'y adjoindre celui d'« archevêque » à leur titre.
Dans cette scène, on peut y comprendre également la victoire du christianisme sur le paganisme (et les hérésies du XIIe siècle), à l'image des statues de l'empereur Constantin fleurissant sur les façades d'églises poitevines.
Post-scriptum : un sentier de grande randonnée longe toute la vallée du Thouët, de Saumur à Secondigny, passant par Thouars et Parthenay... une très bonne idée de marche-découverte, sur les pas des pèlerins d'autrefois.

La Voie Limousine, vers Rocamadour

« A Rochemadour ce me semble
Ou mout de gents souvent assamble
En pelerinage en ala
Mout de pelerins trouva la
Qui de lointains païs estoient
Et qui mout grant feste faisoient. »

« A Rocamadour il me semble
Où bien des gens souvent s'assemblent
En pèlerinage on va
Bien des pèlerins se trouvent là
Qui sont de lointains pays
Et qui y font de grandes fêtes. »

En ces quelques vers, Gaultier de Coincy, au XIIIe siècle, fameux trouvère, chante la gloire de la célèbre Vierge Noire du Quercy. Comme le pèlerin d'autrefois, j'ai gravi les 216 marches menant à la chapelle, pour avoir le droit d'y contempler cette étrange effigie, dont les yeux clos semblent s'interroger sur les mystères du Très-Haut.
Dès la fin du XIIe siècle, les jacquets vinrent en nombre lui rendre hommage et réclamer son intercession, abandonnant la Voie de Vézelay, à Saint-Léonard-de-Noblat parfois, à Limoges le plus souvent, tant y était grand le saint nom de Martial. Du tombeau de celui que les moines de la grande abbaye firent « apôtre », les marcheurs de Saint-Jacques, sur Solignac, mettaient le cap.
Là, dans le monastère fondé par saint Eloi, en 632, ils faisaient halte, après avoir vénéré les reliques de saint Théau, exposées dans la crypte de la vaste abbatiale, édifiée par les moines au XIIe siècle. A propos, connaissez-vous le pouvoir de saint Théau sur la météo ? Ce pieux saint limousin est en effet censé pouvoir faire tomber la pluie… sur-le-champ. Les chroniques rapportent que, le 3 septembre 1067, alors que sévissait la sécheresse, au retour de la procession à l'église du Vigen, une pluie abondante fit son apparition.

Uzerche, ravissante cité perchée, se profile bientôt à l'horizon des collines limousines : dès la fin du XIe siècle, fidèles et pèlerins venaient y honorer les reliques de deux saints bretons, Léon et Coronat, reposant dans la crypte de l'abbatiale Saint-Pierre. Unique en Bas-Limousin, cette crypte fait le bonheur des visiteurs de ce bel édifice… roman ! Puis, vous flânerez dans les ruelles de cette ville aux riches demeures anciennes qui justifient le dicton : « *Qui a maison à Uzerche, a château en Limousin.* »
Une fois de plus, je me suis laissé porter par ma plume… J'aurais tant aimé vous vanter les mérites de ces cités semées sur le sentier jusqu'à Rocamadour : Donzenac, Malemort, Brive, Turenne… qui, toutes, ont gardé de si beaux atours. Je fais confiance à leurs Offices de tourisme pour vous en dévoiler tous les trésors cachés.
Ultime précision : de Saint-Léonard-de-Noblat à Rocamadour, cet itinéraire est aujourd'hui balisé.

Le « grand chemin », de Poitiers à La Réole

A l'instar de la précédente Voie Limousine, je me trouve confronté, sur cette variante poitevine, au cruel dilemme de l'auteur face à ses lecteurs : comment traduire, en quelques phrases, la richesse de cet itinéraire qui mériterait, assurément, qu'un livre entier lui soit consacré.
A Poitiers, ville de toutes les félicités, les jacquets du Moyen Age devaient faire, eux aussi, un choix cornélien : poursuivre la Voie de Tours pour se rendre sur le tombeau de saint Eutrope à Saintes ou descendre vers l'Aquitaine, par l'abbaye de Charroux… et ses soixante-dix reliques !
Au fil du « grand chemin », s'offraient à leurs yeux éblouis ces merveilles romanes que l'on peut encore admirer aujourd'hui : les façades largement décorées de l'église Saint-Nicolas de Civray et de la cathédrale Saint-Pierre d'Angoulême (sur laquelle est sculptée Roland qui occit Marsile, le traître roi maure), le portail polylobé de l'église Saint-Jacques d'Aubeterre-sur-Dronne…
Par Petit-Palais (église Saint-Pierre aux influences angoumoisine et hispano-mauresque) et Villemartin (église romane au portail polylobé… hélas ruiné), ils gagnaient La Réole et son grand monastère bénédictin.

Page de droite, détail des stalles de la collégiale Saint-Léonard-de-Noblat en Limousin, un moine… ? juin 2002

LA RENTRÉE DES TROUPEAUX PRÈS DE SAINT-PALAIS, PAYS BASQUE, JUIN 2002.

La Voie de Soulac ou Voie du Littoral

La « Voie de Tours », l'une des « Quatre Routes de Saint-Jacques », vit défiler de joyeuses cohortes de pèlerins venant vénérer les reliques de saint Jean-Baptiste à Saint-Jean-d'Angély et de saint Eutrope à Saintes. De cette dernière localité, ils furent nombreux à gagner Talmont et à y prendre le bac (en dépit des risques de noyade dus à la rapacité des bateliers), pour se recueillir sur le tombeau de sainte Véronique, à Soulac.
Au XIIe siècle, y fut édifiée une grande église romane, dans laquelle le sépulcre de sainte Véronique trouva un écrin à la mesure de sa renommée. Il marquera, pendant des siècles, le départ d'une voie jacquaire, « secondaire », définie plus tard sous les noms de « Voie de Soulac », « Voie du Littoral » ou « Voie des Anglais », en raison de l'affluence des pèlerins des îles Britanniques.
Au fil d'une histoire mouvementée, la basilique de Sainte-Véronique, plus connue sous le vocable de « Notre-Dame-de-la-Fin-des-Terres » subit les assauts conjugués des éléments naturels (l'eau, le sable et le vent), puis des guerres de Religion… au point de disparaître sous la dune, au XVIIIe siècle. Elle sera sauvée de l'oubli, grâce aux efforts de Mgr Donnet, cardinal de Bordeaux, qui entreprit son désensablement, en 1860.
Les chapiteaux de l'abside témoignent, une fois encore de l'art des sculpteurs de l'époque romane. Le chapiteau gauche de la cinquième travée représente une châsse, sans doute celle des reliques de sainte Véronique.
De Soulac, les jacquets rejoignaient la Voie de Tours à Bordeaux, Le Barp ou le Vieux-Lugo, ou préféraient cheminer le long de la côte, en direction de Mimizan, Bayonne, Irun puis Burgos.
Pour découvrir (et parcourir !) la Voie de Soulac, procurez-vous le dépliant (très complet) qui lui est consacré, mis gracieusement à votre disposition, par l'Association régionale des Amis de Saint-Jacques d'Aquitaine, dont on ne louera jamais assez le dynamisme.

PAGE DE DROITE, SAINTE-RADEGONDE DE TALMONT, CRÉPUSCULE SUR L'ESTUAIRE DE LA GIRONDE, JUIN 2002.

MONTJOIES
ET CROIX DE PÈLERINS

TOUT PÈLERIN CHEMINANT SUR LE CAMINO DE SANTIAGO a remarqué ces petits tas de pierres semées au bord du sentier et qui ne laissent d'intriguer : ont-ils un sens quelconque ? La réponse nous est donnée par le dominicain Hugues de Saint-Clair, fait cardinal en 1244, révélant que

Alto Biscar près de Roncevaux ; la lumière diminue, il est temps d'arriver au refuge... Août 2001.

« les pèlerins faisaient des montagnes avec des monceaux de pierres sur lesquelles ils plantaient une croix, soit au bord du chemin, soit dès qu'ils voyaient le lieu de dévotion où ils se rendaient en pèlerinage ; ponunt crucem et dicitur mons gaudii (ils posent une croix et l'appellent Montjoie) ».

Pages suivantes, La Cruz de Ferro, Montés de León, chaque pèlerin se doit d'y déposer une pierre ou... une prière ! Août 1998.

La plus impressionnante de ces montjoies est, sans conteste, la « Cruz de Ferro », s'élevant au sommet du mont Irago, à 1504 mètres d'altitude, en ce pays de rudes solitudes, la Maragateria. Pour rien au monde, le jacquet ne dérogerait à la rituelle tradition, apportant sa petite pierre sur l'énorme monticule dominé par une grande croix de fer. Savent-ils seulement ces « peregrinos » qu'ils ne font que reprendre une coutume pratiquée sur les antiques voies romaines par des voyageurs invoquant la protection des divinités.

Les trois principaux sanctuaires de la chrétienté ont eu leur montjoie ; sur une colline proche de Jérusalem, les croisés établirent un ordre militaire et religieux sous le nom de Notre-Dame-de-Mont-Joie. L'écrivain Daniel Rops décrit, en ces termes, l'arrivée des « roumieux » dans la cité papale : « *Ayant fait quelque deux mille kilomètres, les voyageurs arrivaient au sommet du Mont-Mario, ce promontoire au-dessus de la Terre promise qu'on appelle aussi le Mont-de-Joie, la montjoie du vieux cri de guerre franc, d'où l'on aperçoit toute la Ville éternelle, la Rome d'or.* »

Saint-Jacques-de-Compostelle est dominée par le Monte de Gozo, au sommet duquel les jacquets laissaient éclater leur joie, à la vue des tours de la cathédrale, comme le clame la grande chanson des pèlerins :

« Quand nous fûmes à Monjoie
Fûmes joyeux de voir si belle église. »

Le 1er novembre 1726, le paysan picard Guillaume Manier déborde pareillement d'enthousiasme, en découvrant le sanctuaire de Saint-Jacques : « *L'ayant aperçu, j'ai jeté mon chapeau en l'air, faisant connaître à mes camarades qui étaient derrière, que je voyais le clocher. Tous, en arrivant à moi, ont avoué que j'étais le roi...* » Un usage très ancien voulait, en effet, que le premier d'un groupe de jacquets apercevant la cathédrale fût couronné « roi », d'où ces nombreux patronymes : Leroy, Leroi, Roy...

Les « Croix de Montjoie » ont, elles aussi, marqué l'histoire des chemins de Saint-Jacques, comme celles des principales églises de pèlerinage. Vézelay conserve encore aujourd'hui ses deux « Croix de Montjoie » : l'une au nord, sur la voie Auxerre-Vézelay, n'est plus, hélas, qu'un socle de pierre surmonté d'une croix de bois. L'autre, sur le chemin provenant d'Avallon, au lieu-dit « Fontenette », est une croix de pierre du XVIIIe siècle, couronnant un calvaire.

La plupart des croix de Montjoie médiévales ont disparu. Ne demeurent alors que les traces écrites du passé, qui se dévoilent au hasard des archives ou des cadastres, à l'image du lieu-dit « La Croix Montjoie », en Saint-Ouen, près de Vendôme, cité célèbre pour sa relique de la Sainte Larme du Christ.

Croix de Saint-Jacques et « Crux Roumiou »

Plus que de simples repères sur les chemins, ces croix ont rappelé aux pèlerins de passage le sacrifice du Christ et la démarche religieuse de leur pérégrination. Elles aussi ont subi l'outrage des ans... et la violence des hommes. Dieu merci, quelques exemplaires remarquables subsistent, telles les « Croix de pèlerins » de Niort et de Roncevaux. Située à deux pas de l'abbaye, cette dernière domine un calvaire du XIVe siècle, où sont représentés le Christ crucifié, la Vierge et le roi de Navarre, Sanche le Fort.

Celle de Niort, tout aussi majestueuse, trône sur l'ancien carrefour de voies jacquaires menant à Saint-Jean-d'Angély et La Rochelle. Les croix Saint-Jacques de Jaulges (Yonne) et de Coulmier-le-Sec (Côte-d'Or) témoignent encore de ces multiples voies et itinéraires empruntés par les pèlerins en Bourgogne, comme la Crux Roumiou, à La Bastide-Rouairoux, se souvient de leur passage en Languedoc.

Page de droite, Alto Biscar, avant la descente vers Roncevaux ; borne du chemin chargée des vœux du pèlerin en partance vers Santiago, août 2001.

Châsse de saint Sernin, détail représentant le supplice du saint traîné par des taureaux sauvages, basilique de Toulouse, juin 2002.

Des reliques et corps saints

Cathédrale de Saint-Jacques-de-Compostelle, mardi 5 octobre 1999

« De chaque côté de l'entrée principale, en front de trois ou quatre, deux longues files d'hommes et de femmes, de tous âges et conditions, avancent à petits pas pour "toucher la pierre". Il s'agit de porter la main, doigts tendus, sur la colonne de marbre où l'apôtre figure en majesté, juste en dessous du Christ rédempteur. Depuis près de huit siècles ce geste, répété des millions de fois, a creusé la pierre de cinq cavités. Celle des doigts d'une main. Et c'est pour communier, par ce geste intemporel, à la possession tellurique du monde que ceux-là sacrifient au rite… »

(Jean-Claude Bourlès, *Le Grand Chemin de Compostelle*.)

Ecrivain de talent, Jean-Claude Bourlès a livré dans cet ouvrage le récit le plus juste, à mes yeux, de la vie quotidienne, des sentiments qui agitent les pèlerins sur le Camino. Ce rite du « toucher de la pierre », je l'ai moi-même accompli, peu avant la grand-messe des pèlerins, qui débute chaque jour à midi. Oui, moi aussi, j'ai mis ma main, mes cinq doigts dans l'empreinte creusée dans le marbre. Quel sens lui donner ? Jean-Claude Bourlès avance « *la possession tellurique du monde* », rappelant certains usages pratiqués également en la cathédrale du Puy-en-Velay (toucher de la « pierre des fièvres ») et en la chapelle Saint-Michel d'Aiguilhe. Peut-être. J'y vois, plutôt, le symbole de la reconnaissance envers l'apôtre de leur avoir accordé une bienveillante protection sur le chemin. De l'autre côté du trumeau, se pratique, surtout par les gens du pays, un rituel, à priori très étrange : tout en psalmodiant leurs prières, ils touchent de leur front celui d'une statue, censée représenter maître Mateo, architecte du Portique de la Gloire, espérant ainsi s'approprier une parcelle de son génie.

Je n'ai pas sacrifié à cette tradition, par contre, j'ai toutes les peines du monde à vous traduire l'émotion qui m'envahit lorsque, à l'issue d'une très longue attente, je pus entourer de mes bras les épaules de la statue de l'apôtre, trônant au-dessus du maître-autel, autre usage largement pratiqué.

Pure superstition ?

Je ne puis fournir d'explication rationnelle, me réfugiant derrière ces mots du philosophe Michel Serres, « *il y a autant de mythe dans la science que de raison dans la religion* », que m'avait livrés le bon père Ihidoy, au presbytère de Navarrenx.

Le temps est alors venu de l'ultime cérémonial : bousculé dans l'interminable file de fidèles se pressant dans l'escalier menant à la crypte, j'aurai tout juste de temps d'apercevoir le reliquaire d'argent abritant les précieuses reliques du saint patron de l'Espagne. Alors seulement, je sus que j'avais fait, moi aussi, le pèlerinage, mettant mes pas dans ceux de ces marcheurs de la foi qui, depuis plus de mille ans, avaient pris le chemin du sanctuaire sacré de Galice.

Vision du pèlerin entrant dans la cathédrale de Compostelle : saint Jacques, majestueux, trônant au-dessus du Porche de Gloire, semble l'accueillir, août 1999.

Reliques et pèlerinages

« Il n'est pas de pèlerinage sans croyance, il n'est pas de pèlerinage sans miracles, il n'est pas de pèlerinage sans reliques. »

Ah ! que ces propos sonnent juste.
En cette formule heureuse, Monique Rey-Delqué, conservateur du Patrimoine à Toulouse, rappelle cette donnée fondamentale de la religion au Moyen Age : le culte des reliques et corps saints. La découverte du tombeau de l'apôtre Jacques, au début du IXe siècle, s'inscrit en lettres d'or dans la fabuleuse litanie des sanctuaires réputés de la chrétienté. La palme en revient bien sûr au Saint-Sépulcre de Jérusalem, édifié au-dessus du tombeau du Christ, par l'empereur Constantin, vers 329-330.

Portés par un formidable élan de foi, les chrétiens d'Occident quittent leur pays pour tenter de rejoindre la « Cité Céleste », au plus lointain de l'horizon. Dès ce siècle, nous est connu un itinéraire menant de l'Aquitaine à la Palestine. Semé d'embûches et de multiples dangers, ce pèlerinage est vécu comme une quête de perfection idéale en vue du salut. La mort au cours de ce « saïnct voïatge » y est considérée comme l'accomplissement suprême. L'église Saint-Nicolas de Tavant (Indre-et-Loire) possède une superbe fresque représentant un « paumier », pèlerin de Terre sainte, reconnaissable à la branche de palmier qu'il rapportait en souvenir.

Le Haut Moyen Age (Ve-Xe siècle) voit fleurir les pèlerinages aux tombeaux des apôtres et des saints : Rome, tout d'abord, où reposent les apôtres Pierre et Paul. Nombreux sont les « romieux » (ou « roumieux ») à se lancer à l'assaut des Alpes, pour gagner la basilique Saint-Pierre, édifiée, elle aussi, par l'empereur Constantin.

Le reliquaire en argent de saint Jacques situé dans la crypte de la cathédrale, octobre 2000.
Page de droite, tous les sept ans, pendant les Ostensions, les membres de la confrérie de saint Léonard transportent en procession ses reliques à travers les rues de la ville, juin 2002.

SALVE
MATER
MISERICORDIÆ

Châsse de sainte Radegonde de Poitiers : le toucher des reliques. Bréviaire d'Anne de Prie (XVe siècle, f° 305, trésor de la cathédrale de Poitiers).

Tours, la cité de saint Martin, « l'apôtre des Gaules », s'affirme comme un sanctuaire fort célèbre sous les Mérovingiens, comme sous les Carolingiens. Rois des Francs et vils manants s'y pressent pour vénérer son tombeau dans la grande basilique, ornée de mosaïques bleu et or et de marbres précieux, « bastie » par l'évêque Perpetuus, vers 470. Les Grands se mettent sous sa protection : ainsi procèdent Clovis, Charles Martel, Pépin le Bref, Charlemagne… Les humbles espèrent en son intercession : qu'ils les guérissent, puisque tel est son pouvoir de guérison, innombrables les miracles réalisés en son nom. Tel est bien le but de ces pèlerinages qui se multiplient vers des reliques et tombeaux réputés : saint Hilaire à Poitiers, saint Sernin à Toulouse, sainte Foy à Conques, saint Trophime en Arles, saint Gilles…

Motifs antiques et chrétiens décorant une des faces de l'extraordinaire sarcophage (IVe siècle) de sainte Quitterie à Aire-sur-Adour, juin 2002.
Page de gauche, Notre-Dame-du-Puy, la Vierge noire trône au-dessus du maître-autel de la cathédrale, août 2002.

La « chasse » aux reliques, au Moyen Age

A l'époque médiévale, pour une église ou une abbaye, posséder des reliques ou un « corps saint », c'est l'assurance de voir des pèlerins venir les honorer certes, mais aussi leur faire des offrandes et aumônes, engendrant renommée et prospérité, suscitant hélas aussi trop souvent jalousie et coupable convoitise. Ainsi, un texte hagiographique provenant de l'abbaye de Saint-Guilhem-le-Désert voue-t-il aux gémonies deux moines venus à Gellone, avec l'intention de voler la relique de la Sainte Croix, « *poussés par la cupidité en voyant les riches offrandes que faisaient les pèlerins* ».
Dès le IXe siècle, on assiste à un phénomène étonnant et pourtant largement développé dans tout l'Occident chrétien : la « chasse aux reliques ». L'un des butins les plus fructueux fut, sans conteste, celui réalisé par le moine Arosnidus, en faveur du monastère fondé par l'ermite Dadon, dans un lieu ô combien sauvage du Rouergue.

Conques

La magnifique église abbatiale qui fait l'admiration de tous, aujourd'hui, n'aurait jamais existé si ce fameux Arosnidus n'avait « subtilisé » les reliques de sainte Foy dans une église d'Agen. La tradition rapporte qu'il y attendit patiemment dix longues années, en tant que gardien du corps saint, avant d'accomplir son forfait, le jour de l'Epiphanie de 866 et de le rapporter à Conques, une semaine plus tard.

La sainte ne lui en tint apparemment nulle rigueur, puisque c'est dans l'église édifiée, au milieu du Xe siècle, par Etienne, abbé du monastère, qu'elle s'offrit désormais à la vénération des pèlerins. Une statue reliquaire fut sans doute commencée dès l'arrivée de ce précieux corps saint. Elle sera embellie, au fil des décennies, pour devenir cette incomparable majesté, que l'on connaît aujourd'hui. Vers 1015-1030, Bernard, maître des écoles épiscopales d'Angers, s'étonnait en ces termes de la multiplication de ces statues reliquaires :

« D'après un usage ancien spécialement en vigueur dans toute la région d'Auvergne, du Rouergue et du pays toulousain, et dans tous les pays voisins, chaque église fait confectionner une statue en or, en argent ou en tout autre métal, selon ses ressources, et y enferme avec honneur soit le chef, soit quelque autre relique insigne du saint… »

Initiale « S » du Livre des Miracles de sainte Foy, XIe siècle, Bibliothèque humaniste de Selestat (Bas-Rhin), ms.22.

Page de droite, faut-il encore la présenter ? Une des merveilles du chemin, la statue de sainte Foy de Conques, présentée à la vénération des pèlerins lors des fêtes d'octobre 1997.

Mais il faut croire que le principal auteur du *Livre des miracles de sainte Foy* avait succombé, lui aussi, à son regard mystérieux, étrange, hypnotique, puisqu'il relate ainsi la vénération dont elle était l'objet :

« Lorsque nous avons paru devant elle, l'espace était si resserré, la foule prosternée à ses pieds était si pressée, qu'il nous fut impossible de tomber à genoux...
En la voyant pour la première fois, toute en or, étincelant de pierres précieuses et ressemblant à une figure luminaire, il parut à la plupart des paysans qui la contemplaient, que la statue les regardait d'une manière vivante et qu'elle exhaussait de ses yeux leurs prières... »

Pour l'avoir moi-même observé de près, lors de la fête de sainte Foy, le premier dimanche d'octobre, je peux affirmer que, mille ans plus tard, la description de la statue par Bernard d'Angers pourrait être reprise très exactement dans les mêmes termes et que son « regard » est toujours aussi saisissant.
L'afflux des pèlerins était si grand qu'il fallut entreprendre la construction d'une vaste église de pèlerinage. Ce sera l'œuvre de l'abbé Odolric (1031-1065) qui ouvrit le chantier de l'abbatiale achevée sous l'abbatiat de Boniface, vers 1120-1130. Circulant par les bas-côtés, en direction du déambulatoire, les pèlerins pouvaient contempler l'incomparable majesté de sainte Foy trônant dans le chœur. Aux XIe et XIIe siècles, Conques est l'un des sanctuaires les plus réputés du royaume de France et l'on comprend pourquoi le *Guide du pèlerin de Saint-Jacques* le cite sur la voie du Puy :

« Les Bourguignons et les Teutons qui vont à Saint-Jacques par la route du Puy doivent vénérer les reliques de sainte Foy, vierge et martyre, dont l'âme très sainte, après que les bourreaux lui eurent tranché la tête sur la montagne de la ville d'Agen, fut emportée au ciel par les anges...
Le très précieux corps de sainte Foy fut enseveli avec honneur par les chrétiens dans une vallée appelée Conques. On bâtit au-dessus une belle basilique dans laquelle, pour la gloire de Dieu, jusqu'à aujourd'hui, la règle de saint Benoît est observée avec le plus grand soin... »

Castres et les reliques de saint Vincent

Les reliques de sainte Foy ont fait la fortune de l'abbaye de Conques, celles de saint Vincent ont assuré le renom de l'abbaye Saint-Benoît de Castres. Leur venue précieuse dans la cité tarnaise s'est également déroulée dans des circonstances pour le moins étonnantes, au regard d'aujourd'hui. Comme à Conques, c'est un moine, du nom d'Audaldus qui joue un rôle déterminant dans cette « affaire », qui eut lieu en 855, selon le récit de la « légende d'Aimoin » :
Audaldus arrive à Valence et c'est un Maure qui, moyennant quarante-cinq écus d'or, lui indique le lieu où repose, intact, le corps du saint. Sur le chemin du retour, l'évêque de Saragosse s'en empare et fait battre de verges le malheureux moine. Rentré au monastère de Conques, il conte sa mésaventure, se fait traiter de menteur et... chasser de l'abbaye ! Celle de Castres l'accueille à bras ouverts et entreprend la « chasse » du corps de saint Vincent : l'abbé fait appel au comte de Cerdagne et à l'émir de Cordoue qui reçoit cent écus d'or pour prix de son intervention. L'évêque de Saragosse cède alors la fameuse relique aux religieux de Castres, qui prennent le chemin du retour. La tradition rapporte que, dans toutes les localités, leur passage fut signalé par d'éclatants miracles.
Exposées dans l'église de la Vierge, aux portes du monastère, puis dans une grande basilique, les reliques du saint furent l'objet d'un culte s'étendant bien au-delà du Languedoc. Nombreux furent les pèlerins de Saint-Jacques, cheminant par la voie d'Arles, à lui rendre hommage, tout comme plusieurs rois de France : Robert le Pieux en 1030, Louis VII en 1154...
Il est vrai qu'en ce XIIe siècle, si propice aux pèlerinages, des centaines de reliquaires, reliques et tombeaux s'offraient à la vénération des jacquets sur tous les chemins de France et d'Espagne.

Page de droite, une autre statue qui attire les foules, celle de Notre-Dame-du-Puy-en-Velay, fête de l'Assomption, le 15 août 2002

« Les corps saints qui reposent sur la route de Saint-Jacques et que les pèlerins doivent visiter »

Tel est le titre du chapitre VIII du Guide du pèlerin de Saint-Jacques, si précieux pour la compréhension du pèlerinage de Compostelle au Moyen Age.
Pour les jacquets, le tombeau de l'apôtre est l'ultime « corps saint » à vénérer… après tant d'autres sur le chemin ! Voilà le sens profond de cette pérégrination et de ces reliques que les pèlerins doivent visiter. Le professeur Pierre-André Sigal souligne, fort justement,

« qu'en allant à Santiago, on avait l'occasion de solliciter l'intervention de tous les saints dont le sanctuaire se trouvait sur la route.En faisant un pèlerinage, on en faisait en réalité dix, vingt ou trente, en fonction des reliques rencontrées… ».

Voûtes de la chapelle Saint-Jacques à Cléry-Saint-André, près d'Orléans. Remarquez les armes de la Bretagne mêlées aux bourdons et besaces du pèlerin, juin 2002.
Page de droite, parée de riches vêtements, la troublante Sarah, la servante de Marie Salomé, mère de Jacques, illumine la crypte obscure des Saintes-Maries-de-la-Mer, septembre 2002.

LES DAMNÉS, DÉTAIL DU PORCHE DE L'ÉGLISE SAINT-TROPHIME D'ARLES.

Par ailleurs, les bénédictins, si présents sur les chemins (à l'image des monastères et prieurés clunisiens), affirmaient haut et fort que la dévotion à saint Jacques pouvait se faire dans toutes les églises et chapelles dédiées à l'apôtre : « *La piété divine n'opère pas seulement dans le lieu qui doit être révéré en toute dévotion* (Saint-Jacques-de-Compostelle), *mais aussi dans tous les lieux consacrés au nom du saint.* »

Le *Guide du pèlerin* cite quelques-uns des plus prestigieux corps saints à visiter sur quatre grandes voies jacquaires, depuis les cités d'Arles, Le Puy-en-Velay, Vézelay et Tours. Or, sur ces quatre itinéraires, c'est en fait une multitude de reliques qui faisait le bonheur de ces marcheurs de la foi, pressés d'en éprouver les grâces. L'exemple de la Voie d'Arles, sur laquelle je me penche depuis plusieurs années, nous en fournit une éclatante démonstration.

LES CORPS SAINTS SUR LA VOIE D'ARLES

ARLES

« Ceux qui vont à Saint-Jacques par la route de Saint-Gilles doivent rendre visite à Arles au corps du bienheureux Trophime, confesseur : c'est lui dont saint Paul, écrivant à Timothée, évoque le souvenir et qui fut, par ce même apôtre, sacré évêque et envoyé le premier dans cette ville pour y prêcher l'évangile du Christ… »

PAGE DE DROITE, L'ÉVÊQUE SAINT TROPHIME AU FRONTON DE L'ÉGLISE, SEPTEMBRE 2002.

La tradition fait de ce saint le premier évêque d'Arles, au IIIe siècle. Sa légende fut ensuite magnifiée au point d'en faire un cousin de saint Etienne et de saint Paul. Au Xe siècle, son précieux corps saint est gardé dans la basilique Saint-Etienne, comme l'atteste un acte de 972. Des travaux considérables sont effectués, à la fin du XIe siècle, dans cet édifice, passé sous le vocable de Saint-Trophime. Ils ne prendront fin qu'en 1152, clos le 29 septembre de cette année-là, par la cérémonie de translation de ses reliques, dans la magnifique primatiale que l'on peut admirer aujourd'hui. Autour de ce prestigieux monument, se dressaient, au XIIe siècle, de nombreux couvents et églises, dont celle de Saint-Blaise, gardienne du « corps » de saint Césaire. Evêque d'Arles au VIe siècle, celui-ci fonda, vers 515, le premier couvent de femmes en Occident.

« Il faut visiter aussi le corps du bienheureux Césaire, évêque et martyr, qui établit en cette ville la règle des moniales et dont la fête se célèbre le 1er novembre. Et dans le cimetière de la même ville on doit chercher les reliques de l'évêque saint Honorat ; son office solennel se célèbre le 16 janvier et c'est dans sa vénérable et magnifique basilique que repose le corps du très saint martyr Genès… »

De la « magnifique basilique » ne subsiste que le clocher octogonal, l'une des plus belles tours romanes de Provence. Celle-ci abritait une lanterne des morts, veillant la nuit sur la gigantesque nécropole des Alyscamps, dont le *Guide du pèlerin* assure la promotion en ces termes : *« Dans ce cimetière, il y a sept églises ; si, dans chacune d'entre elles, un prêtre célèbre l'eucharistie pour les défunts, ou si un laïque fait pour eux dire la messe, ou si un clerc y récite le psautier, il est sûr de trouver auprès de Dieu, à la résurrection dernière, ces pieux gisants pour l'aider à obtenir son salut… »*
Le salut, à l'heure du Jugement dernier, c'est, bien sûr, l'espérance de tous les pèlerins. Riche de tant de corps saints, Arles s'imposait comme une halte obligée pour ces jac-

DE TOUTES PARTS, LES COMPAGNONS TAILLEURS DE PIERRE ACCOURENT, ET LAISSENT LEURS MARQUES EN TÉMOIGNAGE, POUR ADMIRER L'UNIQUE ESCALIER HÉLICOÏDAL DE SAINT-GILLES, SEPTEMBRE 2002.

quets accueillis, qui plus est, dans de nombreux hôpitaux, dont celui de Saint-Jacques, situé près des Alyscamps. Ah ! les Alyscamps, les « Champs-Elysées », selon l'origine étymologique. Autant la grande avenue de Lutèce me laisse indifférent, tant elle symbolise notre civilisation de consommation, autant celle de la brillante cité de Camargue me parle au cœur. Pour l'avoir parcourue, enveloppée de brume, à l'aube d'une matinée d'octobre, je ne puis que traduire l'intensité du mystère, la force du passé ressenties en cette nécropole, qui fut l'un des plus importants cimetières d'Occident… Une pensée pour Gauguin et Van Gogh, qui l'ont peinte, en 1888, lors de leur séjour arlésien… Cette lettre de Vincent à son frère Théo, datée du mois de novembre de cette même année :

« Je crois que tu aimerais la chute des feuilles que j'ai faite. C'est des troncs de peupliers lilas, coupés par le cadre là où commencent les feuilles. Ces troncs d'arbres, comme des piliers, bordent une allée où sont, à droite et à gauche, alignés de vieux tombeaux romains d'un lilas bleu. Or le sol est couvert, comme d'un tapis, par une couche épaisse de feuilles orangées et jaunes tombées. Comme des flocons de neige, il en tombe toujours encore. »

Les sarcophages ont envahi la cité, riche de ses prélats, qui ont tant marqué l'histoire de la Provence et de la France gallo-romaine. En 313, s'y tint un concile, convoqué par l'empereur Constantin, celui qui a assuré le triomphe de l'Eglise du Christ. Précisément, le « Christ vainqueur » apparaît sur l'un des superbes sarcophages de marbre de Carrare, exposés au musée de l'Arles

LE LAVEMENT DES PIEDS, ABBATIALE DE SAINT-GILLES-DU-GARD, SEPTEMBRE 2002.

antique, où j'ai découvert des trésors insoupçonnés : le sarcophage-reliquaire et les pallia (étoles de laine, insignes de la dignité épiscopale) de saint Césaire. Ces pallia reposaient dans leur reliquaire, avant qu'on ne les sorte, pour les dater, au moyen du carbone 14. La surprise fut de taille : la confirmation de leur origine du VIe siècle en fait les plus anciens ornements liturgiques de France !

Ce musée s'avère décidément exceptionnel, non seulement par la richesse de ses collections de l'époque romaine mais aussi par la qualité et le nombre de ses sarcophages. Que dire de l'Arles médiévale, tant est riche son patrimoine, à l'image du portail de la primatiale Saint-Trophime, auquel une restauration exemplaire a rendu tout son éclat. Une fois encore, c'est le message de l'Eglise triomphante qui se diffuse dans la pierre, à destination des fidèles et des pèlerins. Les visions de l'Apocalypse de Jean s'y dessinent en des scènes remarquablement sculptées, comme celle des damnés enchaînés (où l'on reconnaît deux évêques !), poussés dans les flammes de l'enfer par des diables nus.

Saint-Gilles-du-Gard

« Il faut rendre visite avec des égards très attentifs au corps vénérable de saint Gilles, pieux confesseur et abbé, car saint Gilles, célèbre dans tous les pays du monde, doit être vénéré par tous, dignement honoré par tous et par tous aimé, invoqué et supplié. Après les prophètes et les apôtres, nul parmi les bienheureux n'est plus digne que lui, nul n'est plus saint, plus revêtu de gloire, nul n'est plus prompt à venir en aide... O comme il est beau et profitable de visiter son tombeau... ! »

Le *Guide du pèlerin* consacre ensuite plusieurs pages à la célébration du culte de saint Gilles et des miracles : *« Un malade revêt la tunique de ce saint : il est guéri ; un autre, possédé par le démon est délivré ; une tempête sur mer est apaisée... un mort est rendu à la vie, un estropié retrouve la santé... »*

Il faut savoir qu'au XIIe siècle, Saint-Gilles est tout simplement le quatrième pèlerinage de la chrétienté, après Jérusalem, Rome et Compostelle.

Saint-Gilles, aujourd'hui comme au Moyen Age, c'est d'abord et avant tout, son église abbatiale, dont le chœur fut consacré, en juillet 1096, par le pape Urbain II. La grande basilique romane à déambulatoire et chapelles rayonnantes a, hélas, subi les horreurs des guerres de Religion. Dieu merci, il nous reste de précieux témoins de son très riche passé et tout d'abord, le portail, chef-d'œuvre de l'art roman provençal. De ce « catéchisme de pierre », je retiens l'étrange sérénité du « baiser de Judas » et la précision du « lavement des pieds de Pierre »... où une serviette est même prévue !

Tout comme les autres visiteurs, j'ai été étonné par l'immensité de la crypte, véritable église souterraine, aux dimensions (50 mètres de long et 25 mètres de large), arcs et piliers impressionnants. Puis, je me suis recueilli devant le sarcophage de saint Gilles (redécouvert en 1865, par l'abbé Goubier), éprouvant une intense émotion au souvenir des milliers de pèlerins de Saint-Jacques m'ayant précédé en ce lieu sacré.

Je ne pouvais quitter Saint-Gilles, sans rendre visite à la célèbre « Vis », escalier hélicoïdal du XIIe siècle, étape obligée des compagnons tailleurs de pierre (certains y ont gravé leur devise ou surnom) et à la « Maison romane », maison natale du pape Clément IV (1265-1268), abritant des vestiges de l'abbatiale.

Montpellier

Au Moyen Age, après avoir visité le tombeau de saint Gilles, le jacquet mettait le cap sur la cité de Montpellier pour honorer l'une des plus fameuses Vierges Noires, « la Nègre », trônant dans l'église Notre-Dame-des-Tables.

Neuf papes, onze rois et des milliers de pèlerins sont venus lui rendre hommage, avant qu'elle ne soit victime des guerres de Religion, en 1561. Disparue, « la Nègre » et ses pouvoirs miraculeux (dont celui de faire venir la pluie).

Saint-Guilhem-le-Désert

De Montpellier, le jacquet prenait le chemin de la vallée encaissée de Gellone, pour se recueillir sur le tombeau de saint Guillaume (Guilhem en langue d'oc).

Là se déroulait un rite couramment pratiqué par les pèlerins médiévaux, celui de passer sous le tombeau ou la châsse d'un saint, pour un contact « direct » avec celui-ci. C'est en 1138 que le sarcophage de saint Guilhem prit une nouvelle disposition dans l'église abbatiale, en hauteur, pour qu'ils puissent éprouver les grâces du saint compagnon de Charlemagne.

L'abbaye de Gellone possédait également une relique inestimable : un morceau de la « Vraie Croix », don de l'empereur au comte Guilhem. Avec l'église Sainte-Croix d'Orléans, elle était, à l'époque, la seule à détenir ce « trésor », avant que les croisés ne ramènent de très nombreuses

PAGE DE DROITE, REGARD D'APÔTRE... ABBATIALE DE SAINT-GILLES-DU-GARD. A QUAND UN TRAVAIL DE RESTAURATION COMME À ARLES ? SAINT GILLES LE MÉRITE AMPLEMENT ! SEPTEMBRE 2002.

reliques de la « Vraie Croix », dont de nombreuses églises et chapelles gardent encore la mémoire.
Pour faciliter le passage des pèlerins, sans cesse plus nombreux, les abbayes d'Aniane et de Gellone firent édifier, vers 1025-1031, un audacieux pont roman (le plus ancien existant actuellement), au débouché des gorges de l'Hérault, c'est le très fameux « Pont du Diable ». Aujourd'hui, on ne risque guère d'y rencontrer Belzébuth, mais un flot continu d'automobiles, se faufilant dans l'étroite vallée.
Pour visiter Saint-Guilhem, en toute tranquillité, je vous conseille d'y être dès 9 heures du matin : pas de problème de stationnement et tout le temps de flâner dans ce village, à la recherche des trésors cachés. Ainsi, au mois de juin 2002, ai-je pu admirer des chapiteaux et figures romanes qui ne se dévoilent qu'à l'observateur attentif. Une fois encore, j'ai franchi la porte de l'abbatiale qui a vu passer tant de jacquets venus se recueillir devant le tombeau de Guilhem et la « Vraie Croix ». Dans le cadre de mes recherches sur la Voie d'Arles, j'avais pris rendez-vous avec Jean-Claude Richard, directeur de recherche au CNRS, éminent spécialiste de l'abbaye de Gellone. Il m'attendait sur le banc, à l'ombre bienfaisante du platane centenaire trônant au centre de la grand-place. Je brûlais d'impatience de lui poser cette question : « Quelles preuves avez-vous du passage des jacquets à Saint-Guilhem ? », certain d'entrevoir de nombreuses références d'archives. La réponse fusa, directe et définitive : « Aucune ».
S'ensuivit un silence pesant, tant était grande ma surprise et, je l'avoue, ma déception. Incroyable ! Pas la moindre justification écrite de la venue des pieux pèlerins en ce sanctuaire pourtant recommandé par le *Guide du pèlerin* : « *Ceux qui vont à Saint-Jacques par la route de Toulouse doivent rendre visite au corps du bienheureux confesseur Guillaume...* » Allais-je retrouver la sérénité dans le calme du cloître ? Bien au contraire, la colère m'envahit lorsque j'appris qu'il avait été vendu (en partie) aux Américains et qu'il est aujourd'hui reconstitué au musée des Cloisters à New York.
La marche sur les sentiers menant au château du Géant et à l'ermitage de Notre-Dame-de-Lieu-Plaisant allait me faire oublier ce « sacrilège et, bouclant la promenade par le chemin des Fenestrettes, autrefois emprunté par les pèlerins, au village, fort joyeux, je revins.
De Saint-Guilhem, les jacquets se dirigeaient ensuite soit vers l'abbaye de Saint-Thibéry (en passant par Le Pouget et sa remarquable église Saint-Jacques du XIIe siècle), soit vers Lodève pour rendre hommage au tombeau de saint Fulcran, exposé dans la cathédrale. Cette dernière s'enrichit au fil du temps de nombreuses reliques telles que la mâchoire de saint Sébastien, le bras de saint Genès d'Arles...

Villemagne

Par la vallée de l'Orb, les jacquets atteignaient bientôt la riche abbaye de Villemagne, abritant les reliques de saint Majan. Fondée aux alentours de l'an 800, elle connut son apogée aux XIIe-XIIIe siècles, grâce à l'exploitation de mines d'argent, mais aussi du culte de saint Majan. Une fois de plus, c'est par un vol que débute l'histoire de ce corps saint à Villemagne, comme le rapporte la « translation », ainsi résumée par l'abbé Gérard Alzieu :

« Deux moines de Villemagne, ayant appris les miracles qui s'opéraient au tombeau de saint Majan, décidèrent de voler les restes du saint et de les transférer dans l'église de leur monastère. Ils s'en ouvrirent à leur abbé qui approuva leur projet. Munis de sa bénédiction, ils gagnèrent Lombez (dans le Gers) et se présentèrent au sanctuaire de saint Majan pour y faire leurs dévotions. Gagnés par leur piété envers le saint, les gens de Lombez finirent par leur confier la garde du tombeau. Une nuit, ils prirent la fuite, emportant avec eux les précieuses reliques. Poursuivis, ils réussirent à échapper à leurs poursuivants, grâce à la protection du saint qui les avait rendus invisibles. L'arrivée à Villemagne fut triomphale. Toutes les cloches du monastère se mirent à sonner ; l'abbé avec ses moines vint au-devant des saintes reliques et les reçut avec grande dévotion. Elles furent déposées dans l'église abbatiale et les miracles se mirent à fleurir à Villemagne comme autrefois à Lombez... »

Cette translation eut lieu vers l'an 890 si l'on en croit les indications chronologiques du récit, et le 25 mars d'après un ancien calendrier du chapitre de Lombez.
De Villemagne, je pourrais vous vanter les églises Saint-Majan (ancienne abbatiale) et Saint-Grégoire, sa maison romane dite « Hôtel des Monnaies »... mais, ce sont surtout ses cerises (au-delà du pont, près des anciens remparts), qui me font encore aujourd'hui saliver. C'était en juin 2001... il faisait si chaud... elles étaient si juteuses...

Saint-Pons-de-Thomières

Fondée par le comte Raimond III de Toulouse, en l'an 936, cette abbaye bénéficia, dès l'année suivante, de la venue des précieuses reliques de saint Pons. C'est l'abbé de Cluny lui-même, Odon, qui, rentrant de Rome cette année-là et, passant près de Nice, se fit remettre à Cimiez les restes de ce martyr, fort réputé en Provence. Il les

LE PONT DU DIABLE À SAINT-GUILHEM-LE-DÉSERT. Y PASSER UNE NUIT VOUS FAIT ENTREVOIR LE MONDE SOUS UN AUTRE... JOUR ! JUIN 2002.

transporta à Thomières où ils furent reçus triomphalement. Bénéficiant de nombreuses libéralités et donations effectuées par les comtes de Toulouse, les moines de Saint-Pons firent construire une imposante église, où les reliques du saint étaient exposées à la vénération de tous, dans une très belle châsse d'or. Par la suite, selon le chanoine Trottet le Gentil, *« on enrichit encore cette église du corps de saint Aubin, martyr et de saint Samson, évêque de Dol en Bretagne et de plusieurs reliques considérables d'autres saints, suivant le témoignage authentique qui nous en reste dans les anciens bréviaires et missels de cette église… »*.

Comme de nombreux édifices religieux du Midi, la cathédrale Saint-Pons-de-Thomières sera victime de la fureur des huguenots, lors des guerres de Religion, en 1567 précisément, ainsi que le rapporte le même chroniqueur : *« Ils enlevèrent tout ce qu'il y avait d'ornements et d'argenterie dans l'église, laquelle en était abondamment pourvue. Il y avait un grand nombre de châsses d'or et d'argent où reposaient les reliques considérables de plusieurs saints qui furent la proie de leur fureur impie. »*

Du riche passé roman de l'église abbatiale ne subsistent que de rares témoignages, à l'image de la « Porte des Morts » et des tympans (hélas fort mutilés) représentant la Cène et la Crucifixion. Folie destructrice de l'homme ! Après s'être reposés dans la salle des hôtes de l'abbaye, les jacquets prenaient le chemin de Castres, par la vallée du Thoré.

PAGES SUIVANTES, D'ÉPOQUE RENAISSANCE, LA MISE AU TOMBEAU DE LA CATHÉDRALE D'AUCH EN GASCOGNE, UNE MERVEILLE ENCORE, JUIN 2002.

Castres

La petite abbaye Saint-Benoît-de-Bellecelle, fondée sur les rives de l'Agout, prit une tout autre dimension après être entrée en possession des reliques de saint Vincent, vers 855 ou 863, selon les sources.

Durant sept siècles, celles-ci firent la fortune de l'abbaye et de la ville qui se développa autour du monastère, pour accueillir les pèlerins. Au XIIIe siècle, les jacquets étaient hébergés dans un hôpital Saint-Jacques, dont le musée Goya conserve la pierre de fondation portant une inscription en latin, qui se traduit ainsi : « *L'an de l'incarnation du seigneur 1259, ici repose le corps de Pierre Dert qui édifia et construisit cet hôpital en l'honneur de Dieu, de la bienheureuse Marie, sa mère et du bienheureux Jacques, apôtre.* »

De la grande abbaye médiévale, ravagée, elle aussi, lors des guerres de Religion, ne demeure que la tour Saint-Benoît. Ma recherche du patrimoine jacquaire s'étant avérée plus que décevante, je décidai d'oublier mon dépit en me rendant au musée Goya, découvrant, ravi, l'œuvre de cet immense artiste et de nombreux chefs-d'œuvre de la peinture espagnole. Et voilà, j'étais réconcilié avec la ville natale de Jean Jaurès.

Par les hauteurs vallonnées du Lauragais, comme les pèlerins d'antan, je rejoignis ensuite la « ville rose », si bien chantée par Claude Nougaro.

Toulouse

Sanctuaire réputé dès le VIe siècle, grâce aux reliques de saint Sernin, Toulouse accueillit à l'époque médiévale des cohortes de pèlerins en marche vers la cité sainte de l'apôtre Jacques. Comme le conseille vivement le *Guide du pèlerin* :

> « Il faut aller vénérer le très saint corps du bienheureux Sernin, évêque et martyr, qui, retenu par les païens sur le Capitole de la ville de Toulouse, fut attaché à des taureaux furieux et indomptés, puis précipité du haut de la citadelle du Capitole… Il fut enseveli en un bel emplacement près de la ville de Toulouse ; une immense basilique fut construite là par les fidèles en son honneur… »

L'immense basilique citée dans le *Guide du pèlerin* fut édifiée, en effet, pour abriter le corps saint de Sernin, conservé dans un sarcophage. Comme le souligne Pascal Julien, dans sa thèse de doctorat sur cette basilique : « *L'église Saint-Sernin, née du culte des reliques, fut érigée, reconstruite, embellie pour honorer le tombeau de Saturnin, premier évangélisateur de Toulouse. Puis, au cours des siècles, les prétentions s'accrurent, l'édifice s'enrichit d'autres martyrs et de saints fameux, jusqu'à revendiquer les corps de six apôtres du Christ. Ce fabuleux trésor fit la renommée de l'abbatiale, idéalement placée sur la route de Compostelle…* »

Cet éminent spécialiste de Saint-Sernin nous livre également des précisions sur des reliques exposées dans la basilique au Moyen Age : « *Une Sainte Epine, un morceau de la Vraie Croix, une pierre de lapidation de saint Etienne, une partie de la robe de la Vierge, un éclat de la roche sur laquelle elle avait accouché, un fragment du Saint-Sépulcre et même de la terre que le Christ foula de ses pieds…*

On conservait également quelques fragments de reliques insignes, tels que dents, bouts d'os ou de crânes, des saints Pierre et Paul, des saints Innocents, saints Christophe, Loup, Savin, Justin… mais surtout, on s'enorgueillit de posséder vingt-sept corps complets d'apôtres, de saints et de martyrs.

La tradition la plus extraordinaire concerne toutefois la présence des apôtres, notamment saint Jacques qui pourtant attirait tant de fidèles aux confins de la Galice. Dès 1317 une chapelle lui était dédiée à Saint-Sernin, ses reliques y sont attestées en 1354 et le 15 août 1385, son corps y fut solennellement reconnu en présence de plusieurs évêques, élevé et placé dans de magnifiques reliquaires d'argent, devant une multitude d'ecclésiastiques et de milliers de personnes : Toulouse n'hésitait plus à concurrencer ouvertement Compostelle. »

Eh oui ! Toulouse, au XIVe siècle, s'affiche clairement rivale de Compostelle ! Non seulement elle affirme détenir le corps de saint Jacques mais aussi ceux, complets, de vingt-sept apôtres, saints et martyrs ! On reste confondu devant de telles prétentions mais ceci est bien conforme à la mentalité médiévale qui ne s'embarrasse guère d'authenticité. La basilique Saint-Sernin prétendait même surpasser la cathédrale de Santiago, si l'on se fie aux inscriptions courant sur les murs de la crypte basse :

« *Omnia si lustres alienae climata terrae*
Non est in toto sanctior orbe locus. »
(Même si tu parcours toutes les contrées de la terre,
Il n'est pas de lieu plus saint au monde.)
« *Urbis et orbis honor, tot sanctos detinet ista*
Aedes quot capiunt caetera templa simal. »
(Honneur de la ville et du monde, cet édifice détient autant
De corps saints, qu'en possèdent tous les autres.)

« L'église Saint-Sernin illumine le soir
D'une fleur de corail que le soleil arrose. »

Accoudé à la fenêtre de l'hôtel Saint-Sernin, j'avais en tête ces mots de Nougaro, tandis que le soleil jetait ses premiers feux sur les tuiles du chevet de la basilique… moment de grâce unique…

Oui, Toulouse a tenté de rivaliser avec Compostelle, mais, là où la cathédrale de l'apôtre s'est revêtue d'une façade baroque si chargée, Saint-Sernin s'est miraculeusement préservée des atteintes du passé et s'affiche, aujourd'hui, comme la plus grande église romane existant actuellement.

Figé devant l'entrée de la porte Miègeville, le haut-relief de l'apôtre Jacques m'a invité à pénétrer dans cette église consacrée par le pape Urbain II, le 24 mai 1096. Des mille et une merveilles qu'elle abrite, je ne vous citerai que le très émouvant Christ roman, le surprenant « Tour des corps saints » et les cryptes où sont exposés de superbes reliquaires, à l'image de la châsse de la « Vraie Croix », chef-d'œuvre de l'émail limousin du XIIe siècle.

Quittant la « capitale » des comtes de Toulouse, les jacquets entraient ensuite en Gascogne, où d'autres reliques et corps saints s'offraient à leur vénération :

- A L'Isle-Jourdain : les reliques de saint Odon, le grand abbé de Cluny, qui œuvra tant pour la réforme de l'Eglise et… le pèlerinage de Compostelle.
- A Auch, comme à Saint-Guilhem-le-Désert, ils passaient sous les tombeaux de trois saints, exposés en hauteur, dans la crypte de la cathédrale Sainte-Marie. Cette disposition prit fin au XVIIe siècle, quand l'évêque d'Auch, Mgr de Vic, fit dresser une clôture de bois entre les fidèles et les sarcophages.
- A Saint-Christaud, au croisement du « caminum sancti jacobi » (du « chemin de Saint-Jacques », mentionné dans de nombreux textes d'archives du XIIe siècle) et de l'antique voie de la Tenarèze, les jacquets se recueillaient devant le tombeau de saint Christophe, protecteur des voyageurs… et des pèlerins !
- A Saint-Justin, enfin, étaient vénérées les reliques de l'un des saints fondateurs de l'église de Tarbes.

Après la Gascogne, nos vaillants marcheurs de Saint-Jacques parcouraient le Béarn, faisant halte à Oloron-Sainte-Marie, réputée pour les reliques de saint Grat (évêque d'Oloron au VIe siècle), exposées dans la cathédrale Sainte-Marie.

Armés de courage, portés par leur foi, les jacquets affrontaient ensuite ces Pyrénées, si redoutées, pour se rapprocher, jour après jour, du tombeau de l'apôtre en Galice.

CHÂSSE-RELIQUAIRE DE LA VRAIE CROIX, DÉCORÉ D'ÉMAIL CHAMPLEVÉ DE LIMOGES, DÉBUT XIIIE SIÈCLE, TOUR DES CORPS SAINTS, BASILIQUE SAINT-SERNIN DE TOULOUSE, SEPTEMBRE 2002

Reliques et corps saints, sur les chemins de Saint-Jacques, en Espagne

Le *Guide du pèlerin*, daté des années 1135-1140, ne consacre que quelques lignes aux corps saints à honorer en terre d'Espagne : saint Dominique (à Santo Domingo de la Calzada), saints Facond et Primitif (à Sahagun), le bienheureux Isidore (à Leon) et bien sûr le « *très saint corps de l'apôtre Jacques* » (à Compostelle).
Quel contraste avec les dizaines de reliques citées par le paysan picard, Guillaume Manier, lors de son passage dans les églises de Santiago et d'Oviedo, à l'occasion de son pèlerinage en 1726-1727 !
L'Espagne n'a pas échappé à la frénésie de possession de reliques qui gagna les églises et abbayes de l'Occident chrétien, au Moyen Age. Ne pouvant m'étendre sur tous les corps saints visibles sur les chemins d'Espagne, je respecterai donc les prescriptions du fameux *Guide*, pour mettre en lumière ceux qu'il cite :

Saint Dominique

« Il faut visiter en Espagne le corps du bienheureux Dominique, confesseur, qui construisit la chaussée entre Najera et Redecilla, où il repose. »

Santo Domingo de la Calzada, « Saint-Dominique-de-la-Chaussée », voilà un lieu, une ville, une église ô combien symboliques du pèlerinage de Compostelle. Par l'histoire « exemplaire » de saint Dominique tout d'abord : la tradition rapporte qu'il vivait en ermite près d'un mauvais chemin emprunté par les jacquets, risquant de plus leur vie pour franchir les eaux tumultueuses de l'Oja. Dominique fit bâtir un pont (vers 1045) pour faciliter leur passage, puis un petit « hôpital », avant d'aménager lui-même la chaussée entre Najera et Redecilla.
A sa mort en 1109, il fut inhumé dans une église édifiée au-dessus de son tombeau, où se produisirent bientôt de nombreux miracles. La modeste église romane des origines à fait place à une imposante cathédrale, où l'on vénère toujours le saint, dont le très beau gisant roman (XIe) fait l'admiration de tous.
Le lundi 13 septembre 1999, j'ai très exactement fait l'étape Najera-Redecilla, comme le révèle cet extrait de mon carnet de route :
« A huit heures et quart, j'ai quitté le refuge de Najera, sous les premières gouttelettes. La pluie, le tonnerre et les éclairs se sont ensuite invités, transformant en chemin d'affliction cette matinale pérégrination. Suis-je vraiment dans la "riante" Rioja, ou plutôt... en Ecosse ¿ A midi et demi, je me change complètement sur le banc jouxtant le luxueux parador de Santo Domingo. Le saint doit se retourner dans sa tombe, lui qui édifia un hospice, à cet emplacement, pour abriter les pauvres pèlerins de passage.
A peine ai-je poussé la porte de la cathédrale, que me saisit l'exclamation d'une compatriote : *"Tiens, on dirait des poules là-haut."* A cette dame, d'un âge vénérable, je me fais une joie de lui conter, avec force détails, la belle histoire de ces blancs volatiles, reprenant à mon compte le miracle du "pendu-dépendu". La visiteuse et son accompagnatrice me semblent sous le charme, s'inquiétant cependant de la durée de vie de ces gallinacés dans leur "poulailler". Je les rassure sur-le-champ : le coq et la poule choisis (toujours blancs) sont remplacés toutes les trois semaines.
Le temps de prendre un repas chaud dans un petit restaurant, près de l'actuel "Albergue de peregrinos" et me voilà reparti sur le sentier caillouteux menant à Grañon, ville-fantôme, que j'abandonne bien vite pour rejoindre Redecilla del Camino. A seize heures trente, je pousse la porte de son refuge de pèlerins, modèle de propreté, à la cuisine "quatre étoiles". Grâces soient rendues à saint Dominique, d'avoir aménagé cette chaussée, aujourd'hui si bien équipée. »

Saints Facond et Primitif

« On doit de même rendre visite aux saints Facond et Primitif dont la basilique fut élevée par Charlemagne... »
Charlemagne n'a pas fait édifier cette basilique, comme il n'est jamais allé en pèlerinage à Compostelle ! A l'époque

Page de gauche, Notre-Dame de Roncevaux, de pierres précieuses et d'argent revêtue, bénit le pèlerin en partance pour le Camino Francés, août 2000.

de la rédaction du *Guide du pèlerin*, Sahagun est l'une des grandes abbayes du chemin, voilà l'origine de l'implication de l'empereur « à la barbe fleurie ». Sahagun doit son nom à la contraction de « Sancto Facundo ». On ignore à peu près tout de l'histoire des saints Facundus et Primitivus, dont les reliques étaient, semble-t-il, gardées dans un monastère.

Bénéficiant de la protection et de nombreuses donations des rois de Castille, Fernand Ier (1035-1065), puis Alphonse VI (1072-1109), ce petit monastère va devenir bientôt la plus puissante abbaye du Camino Francés. Résidant en ses murs, Alphonse VI entreprit la réforme des églises de son royaume en faisant appel aux moines de Cluny. Fondée vers 1085, autour de l'abbaye, la ville de Sahagun accueillit les pèlerins de passage dans de nombreux hôpitaux d'excellente réputation.

L'abbaye a été ravagée par le feu au XIXe siècle, mais le tombeau d'Alphonse VI témoigne encore de sa splendeur passée.

Saint Isidore

« Il faut aller voir à Leon le corps vénérable du bienheureux Isidore, évêque, confesseur et docteur, qui institua pour les clercs ecclé-

siastiques une très pieuse règle, imprégna de sa doctrine tout le peuple espagnol et honora la sainte Eglise tout entière par ses ouvrages féconds. »

Aux Xe et XIe siècles, l'antique cité de Leon, fondée par les Romains, est la capitale de l'Espagne chrétienne, celle de la Reconquista,, la reconquête des terres aux mains des « Infidèles », les Maures ; tout juste lui manque-t-il un corps saint prestigieux, en rapport avec les ambitions des souverains du royaume de Leon.

Ce sera chose faite l'an de grâce 1063 : le 22 décembre de cette année-là est consacrée la basilique royale de San Isodoro (Saint-Isidore), abritant les reliques de ce saint que les évêques Ordono et Alvito étaient allés chercher à Séville... Et, très tôt, les miracles fleurirent nombreux en ce sanctuaire, attirant irrésistiblement les jacquets de passage.
C'est dans la « Salle du Trésor » (qui porte si bien son nom), que j'ai pu admirer de magnifiques croix médiévales et reliquaires, dont l'« arche de saint Isidore », chef-d'œuvre du XIe siècle, abritant les restes sacrés du bienheureux évêque. Une seule critique : le manque de temps accordé aux visiteurs pour découvrir de telles merveilles.

LA TROUPE DE PÈLERINS DE TÔLE AU SOMMET DU COL DEL PERDÓN. DE CE POINT DE VUE AU-DESSUS DE LA PLAINE DE PAMPELUNE, ON ESSAIE DE MESURER LE CHEMIN À PARCOURIR VERS LA LOINTAINE GALICE, OCTOBRE 2002.

Cathédrale Santa Maria La Regla de León, moine écrivant, détail du porche sud.

Page de droite, le chœur de la plus belle cathédrale gothique d'Espagne...

Octobre 2002.

Saint Jacques

« Enfin, c'est au très saint corps du bienheureux apôtre Jacques, dans la ville de Compostelle, qu'on doit surtout et avec le plus de dévotion rendre visite… »

Après avoir longuement vanté les richesses architecturales de la grande basilique, le *Guide du pèlerin* révèle que là

« repose, selon la tradition, le corps révéré de saint Jacques au-dessous du maître-autel élevé magnifiquement en son honneur ; il est renfermé dans une tombe de marbre qu'abrite un très beau sépulcre voûté d'un travail admirable…
Qu'ils soient donc confondus les rivaux d'outre-monts qui prétendent en avoir quelques parcelles ou conserver des reliques de lui. Le corps de l'apôtre est ici tout entier… ».

Le *Guide du pèlerin* peut bien le clamer haut et fort et s'en prendre aux villes rivales, rien n'y fait, nombreuses furent les églises et abbayes à exposer des reliques de l'apôtre à la vénération des fidèles : sa main, à l'abbaye de Reading, en Angleterre ; ses bras, dans la collégiale Saint-Etienne à Troyes ; sa tête dans la cathédrale de Nevers ; son corps complet à l'église Saint-Maurille d'Angers ou à la basilique Saint-Sernin de Toulouse, etc.

Page de gauche, surplombant le Palació de Rajoy (l'hôtel de ville), saint Jacques Matamore fait face à la cathédrale de Compostelle, août 1998.
En haut, détail d'une verrière de la cathédrale de León, octobre 2002.
Pages suivantes, le Porche de Gloire de la cathédrale de Compostelle ; le chef-d'œuvre de Maître Mateo lui demanda vingt ans de sa vie. La merveille du chemin de Compostelle ? Août 1998.

Les fêtes de la semaine sainte en Andalousie sont connues dans le monde entier. Même si elles sont moins exubérantes, celles de Galice sont aussi spectaculaires et très suivies. Ici dans le quartier historique de Santiago, avril 1999.

Diego Gelmirez, évêque de Compostelle et la « chasse aux reliques »

L'an de grâce 1100, accède au siège épiscopal de Santiago cet évêque qui va consacrer les longues années de son « règne » (1100-1140) à répandre la réputation du sanctuaire galicien dans toute la chrétienté. Dès 1102, comme le révèle l'*Historia Compostellana* (Histoire de Compostelle), ouvrage de « propagande » composé à son instigation, nous le voyons parcourir les terres de son évêché et s'emparer des reliques de sainte Suzanne et saint Fructueux, des martyrs Cucufat et Silvestre (volés à l'église de Braga) pour les exposer dans la cathédrale.
C'est peu dire que le prélat se dévoua corps et âme pour le sanctuaire de l'apôtre : en 1104, il entreprend un voyage plus que périlleux (échappant de peu aux sicaires du roi d'Aragon), pour obtenir du pape Pascal II la dignité du pallium. Le 30 octobre 1104, Diego Gelmirez voit ses efforts récompensés, lorsque le pape lui remet ce fameux pallium sur l'autel de saint Laurent, dans l'immense église de Cluny.
C'est auprès du successeur de Pascal II, Calixte II (1119-1124), que l'infatigable propagandiste de Santiago accédera à la récompense suprême : le 27 février 1120, Compostelle est érigée en archevêché. En 1122, est instituée l'*année jubilaire compostellane* (lorsque le 25 juillet, fête du Martyre de l'apôtre tombe un dimanche), conférant au sanctuaire un attrait supplémentaire avec l'indulgence plénière (rémission totale des péchés) qui y est attachée.

Reliques et corps saints vénérés dans la cathédrale de Compostelle

Si le corps de l'apôtre fut le seul honoré jusqu'au XIIe siècle, la cathédrale s'enrichit ensuite de très nombreuses reliques, dont la liste livrée par Guillaume Manier, à l'occasion de son pèlerinage en 1726, ne laisse d'étonner. A défaut de pouvoir toutes les citer (il faudrait plusieurs pages !), voici les premières de l'interminable litanie :
« Premièrement, la tête de saint Jacques le Mineur, dit le Juste, avec plusieurs de ses reliques qui sont enchâssées en argent doré, orné et garni de pierreries, avec une dent du même apôtre, qui fut dérobée. Et par permission divine il retourna à ce saint reliquaire. Des reliques de saint Antoine. Dans une croix d'or est une grande pièce de bois de la Vraie Croix de Notre Seigneur. Dans une boîte de métal est une épine de la couronne de Notre-Seigneur. Dans une image de Notre-Dame est une goutte du lait de la Sainte Vierge... Plusieurs reliques de saint Janvier et ses compagnons martyrs espagnols.
Le gosier de sainte Novelle et de sainte Gaudence, martyrisées à Rome... »
(Guillaume Manier, *Un paysan picard à Saint-Jacques-de-Compostelle*.)

Page de droite, fêtes de saint Jacques à Compostelle en juillet 1999.

Les miracles de Saint-Jacques

Connaissez-vous les trésors de Châtillon-sur-Seine ?

Au débouché d'une large vallée fertile, Châtillon et ses environs ont, de tout temps, attiré les populations. En 1943, à Vix, fut mise au jour la fabuleuse « tombe de la princesse », dont l'ensemble des pièces découvertes lors des fouilles est aujourd'hui exposé au musée du Châtillonnais. C'est l'un des plus beaux témoignages de la richesse de la civilisation celte. Citadelle avancée du prospère et puissant duché de Bourgogne, Châtillon-sur-Seine possède un patrimoine sacré illustrant parfaitement les propos de ce chapitre.

Sur les hauteurs dominant la cité, l'église Saint-Vorles fut édifiée à l'initiative de Brun de Courcy, évêque de Langres de 980 à 1016, pour accueillir les reliques du saint. Dans cet édifice remarquablement conservé, d'un style de transition entre le premier roman et la tradition carolingienne, j'ai pu admirer une émouvante statue de « Notre-Dame-de-Toutes-Grâces », abritée dans une niche de l'abside, le « diptyque de saint Vorles », panneau peint représentant la translation du corps saint de Vorles, en 868, de Marcenay à Châtillon, ainsi qu'une splendide « mise au tombeau du Christ », chef-d'œuvre de la sculpture champenoise du XVIe siècle.

Puis, j'ai rejoint l'église Saint-Nicolas, pour y contempler, longuement, l'une des plus belles représentations du miracle du « pendu-dépendu », courant sur un vitrail du XVIe siècle aux lumineux coloris. Celui-ci raconte le prodige en cinq scènes de trois panneaux, ainsi commentées :

« Comment le père et la mère et l'enfant partirent pour aller à Saint-Jacques et demandèrent à loger à l'hôte… Comment la chambrière mit la tasse en la mallette de l'enfant… Comment miraculeusement le coq chanta en l'hastre, par-devant le juge… Comment l'enfant fut miraculeusement dépendu de la justice… »

Le « pendu-dépendu » est l'un des vingt-deux miracles cités dans le « Liber Miraculorum », second livre du *Liber Sancti Jacobi*, vaste compilation (initiée vers 1130 par l'évêque Diego Gelmirez), destinée à promouvoir le culte de l'apôtre.

Les livres de miracles et « La Légende dorée »

Les livres de miracles ont contribué largement à l'essor des grands sanctuaires de la chrétienté, à l'époque médiévale. Ainsi, le pèlerinage au tombeau de saint Martin à Tours est-il ardemment promu, dès le VIIe siècle, par une histoire de l'évangélisateur de la Gaule et de ses miracles, dont on a retrouvé des exemplaires à Rome, Carthage, Alexandrie… jusqu'en Syrie !

Au XIe siècle, le *Liber Miraculorum*, le *Livre des Miracles de sainte Foy*, dont les deux premiers tomes furent composés par Bernard d'Angers, au cours du premier quart de ce siècle, joue un rôle important dans la propagation du culte de la sainte. Sa diffusion semble importante, au regard des manuscrits parvenus jusqu'à nous ; l'une des plus belles copies de ce précieux ouvrage se trouvait, dès 1094, à Sainte-Foy de Sélestat, en Alsace, où elle peut être admirée, de nos jours, à la Bibliothèque humaniste.

Église de Fistera, très beau bas-relief polychrome représentant saint Jacques.

Au XIIe siècle, le *Livre des Miracles de Notre-Dame-de-Rocamadour* s'affirme comme un élément essentiel dans le succès du sanctuaire quercynois (favorisé, il est vrai, par la découverte du corps de saint Amadour, en 1166), qui devient, dès les premières décennies du XIIIe siècle, l'un des tout premiers pèlerinages médiévaux. Nombreux sont alors les jacquets cheminant sur la Voie de Vézelay à quitter cet itinéraire à Saint-Léonard-de-Noblat ou Limoges pour aller vénérer la célèbre Vierge Noire. Je me souviens avoir parcouru l'édition, en fac-similé, du *Livre des Miracles de Notre-Dame-de-Rocamadour*, dans une librairie de Figeac. Que ne l'ai-je acheté ?

J'eus beaucoup moins d'hésitation face au prix (très élevé) du fac-similé du *Livre des Miracles de saint Jacques*, exposé dans la librairie de la cathédrale de Compostelle. Ce *Liber Miraculorum* connut un franc succès dans l'Occident chrétien, copié et reproduit par les scriptoria de nombreuses abbayes. Mais c'est un autre manuscrit enluminé qui allait propager « urbi et orbi » les prodiges de l'apôtre : *La Légende Dorée*, plus connu lors de sa parution, vers 1260, sous le nom de *Legenda Sanctorum* (Légendes des Saints). Œuvre d'un moine dominicain, Jacques de Voragine, cet ouvrage conte la vie et le martyre de cent soixante saints, en un récit empreint de merveilleux. Son retentissement fut considérable au Moyen Age : avec la Bible, il devint le plus lu (et le plus copié !) dans la chrétienté. Plus de dix mille exemplaires virent le jour ! On comprend mieux pourquoi il est passé à la postérité sous le titre de *Legenda Aurea* (Légende Dorée), car son contenu valait vraiment de l'or.

Après avoir décrit la lutte victorieuse de l'apôtre Jacques contre le magicien Hermogène, Jacques de Voragine détaille douze miracles réalisés par le compagnon du Christ, dont celui du « pendu-dépendu », qui connut une extraordinaire fortune à l'époque médiévale, source d'inspiration inépuisable pour les peintres et autres maîtres du vitrail.

LE MIRACLE DU « PENDU-DÉPENDU »

« D'après le pape Calixte, un Allemand, allant avec son fils à Saint-Jacques, vers l'an du Seigneur 1090, s'arrêta pour loger à Toulouse chez un hôte qui l'enivra et cacha une coupe d'argent dans sa malle. Quand ils furent partis le lendemain, l'hôte les poursuivit comme des voleurs et leur reprocha d'avoir volé sa coupe d'argent. Comme il leur disait qu'il les ferait punir s'il pouvait trouver la coupe sur eux, on ouvrit leur malle et on trouva l'objet : on les traîna de suite chez le juge.

Il y eut un jugement qui prononçait que tout leur avoir fût adjugé à l'hôte, et que l'un des deux serait pendu. Mais comme le père voulait mourir à la place du fils et le fils à la place du père, le fils fut pendu et le père continua, tout chagrin, sa route vers Saint-Jacques. Or, vingt-six jours après, il revint, s'arrêta auprès du corps de son fils et il poussait des cris lamentables ; quand voici que le fils attaché à la potence se mit à le consoler en disant : "Très doux père, ne pleure pas ; car je n'ai jamais été si bien ; jusqu'à ce jour saint Jacques m'a sustenté, et il me restaure d'une douceur céleste."

En entendant cela, le père courut à la ville, le peuple vint, détacha le fils du pèlerin qui était sain et sauf, et pendit l'hôte. »

(*La Légende Dorée*. Diane de Selliers, éditeur.)

C'est une belle histoire... édifiante : le Bien triomphe (naturellement) du Mal. Ce que l'on sait moins, c'est que ce fameux miracle du « pendu-dépendu » fut d'abord l'œuvre de saint Amand. Propriété de l'abbaye de Saint-Amand (nord de la France), où il fut sans doute rédigé au XIe siècle, un manuscrit enluminé décrit la vie de ce saint ; au folio 17, sont représentées plusieurs scènes : un homme est condamné par le comte de Tournai à être pendu ; saint Amand recueille son corps... et le ressuscite. Les scribes dévoués à l'évêque de Compostelle, Diego Gelmirez, ont tout simplement récupéré le miracle... au profit de l'apôtre Jacques !

Du XIIIe au XXe siècle, celui-ci a inspiré les artistes chargés par l'Eglise de raconter par l'image cet extraordinaire prodige. Je vous ai déjà livré mon enthousiasme face aux vitraux de l'église Saint-Nicolas de Châtillon-sur-Seine. Grande est ma joie lorsque j'ai l'occasion de le découvrir chanté dans la fresque (églises de Villeneuve et de Canville-la-Rocque, chapelle Saint-Jacques-de-Prelles), le vitrail (cathédrale Saint-Gatien à Tours, chapelle Saint-Léon en Merléac, Côtes-d'Armor...) et la gravure (chants de pèlerins des XVIIe-XVIIIe siècles). Mais nulle part ailleurs qu'à Santo Domingo de la Calzada l'on éprouve, de visu, la permanence, l'intensité de la miraculeuse croyance.

Châtillon-sur-Seine (Côte-d'Or), verrière du Pendu-Dépendu, juin 2002.

« Le coq et la poule », à Santo Domingo de la Calzada

Le miracle du « pendu-dépendu » est localisé à Santo Domingo de la Calzada depuis la fin du XIVe siècle (récit de l'Anonyme de Venise), selon une version légèrement différente de celle de *La Légende Dorée*. La tradition rapporte, qu'en ce XIVe siècle, où les jacquets cheminaient de l'Europe entière vers Compostelle, un couple de pèlerins allemands, accompagnés de leur fils d'une grande beauté, fit halte dans une auberge de la ville. La servante s'éprit du jeune homme… qui repoussa ses avances. Pour se venger, elle cacha une coupe en argent dans la besace de celui-ci. Le lendemain matin, après leur départ, elle s'en vint crier « au vol ! », auprès du juge local. En dépit de ses protestations d'innocence, le fils fut arrêté, jugé et pendu sur-le-champ.

Ses parents poursuivirent cependant leur pèlerinage à Compostelle et, au retour, s'arrêtèrent à Santo Domingo où, miracle ! leur fils pendu… était toujours bien vivant (soutenu tout ce temps par saint Jacques). Ils se précipitèrent chez le juge pour raconter le prodige. Incrédule, ce dernier répondit qu'il les croirait si le coq et la poule, rôtis, qu'il s'apprêtait à déguster, se mettaient à chanter… ce que les volatiles firent aussitôt en sautant du plat !

La suite, vous la connaissez ! Ce que vous ignorez, par contre, c'est que pendant des décennies, les pèlerins tentèrent de leur arracher des plumes… en guise de reliques.

Le cloître de l'abbatiale Saint-Pierre de Moissac, une merveille illuminée de façon magistrale,
un des hauts lieux du chemin en France, août 2002.

Splendeurs du sacré

UN ROI-VIEILLARD JOUANT DU LUTH, CATHÉDRALE DE LEÓN, OCTOBRE 2002.

C'était en juillet 1970 ; jeune étudiant en histoire et géographie à Rennes, j'avais prévu de faire une courte halte à Moissac, « haut lieu de l'art roman »... Je regrettai bientôt de ne pas m'être inscrit en histoire de l'art... Qui sait ? Aurais-je visité plus tôt son abbatiale et son cloître que ma vocation eût sans doute changé, tant je restai subjugué par cette sublime figure : le prophète Jérémie, divinement sculpté sur le trumeau de l'église Saint-Pierre. C'est mon coup de cœur, ma merveille romane... mais ceci n'engage que moi ! Les spécialistes pourront bien mettre en avant les tympans d'Autun ou de Conques, le Portique de la Gloire de Compostelle... je l'admets bien volontiers, je les comprends, mais rien n'y fait, que voulez-vous, Jérémie m'a transporté... au paradis ! Connaissez-vous visage plus serein, silhouette plus harmonieuse, aux formes si finement ciselées ? Fallait-il que le maître sculpteur soit, par la grâce, inspiré. Dois-je l'avouer, je ne puis passer près de Moissac, sans rendre une visite d'amitié à ce prophète qui m'a réellement... ensorcelé.

Je ne vous ai toujours pas convaincu ? Pour ma défense, je ferai donc appel à ces fameux mots de Malraux : *« Alors apparaît, en sculpture, la continuité du génie... l'épopée qui commence à Moissac. »*

La municipalité de cette localité, célèbre également pour son cloître roman, achevé en l'an 1100, m'a fait l'immense honneur de m'inviter à y faire une causerie sur les Chemins de Saint-Jacques, neuf cents ans plus tard. Le samedi 1er juillet de l'an 2000, j'eus le grand plaisir d'y conter mes pérégrinations sur les sentiers de France et d'Espagne, mettant en lumière, bien évidemment, mille et un chefs-d'œuvre romans.

PAGE DE DROITE, L'ÉPOQUE ROMANE, LES YEUX DANS LES YEUX ; LE PROPHÈTE JÉRÉMIE, ABBATIALE SAINT-PIERRE DE MOISSAC.

« Après l'an mil, pour la troisième fois déjà allait commencer une autre année, quand l'univers presque entier (mais surtout l'Italie et la Gaule) renouvela les basiliques de ses églises. La plupart, pourtant en bel état, n'en avaient nul besoin, mais chaque contrée de la chrétienté rivalisait avec l'autre à qui posséderait la plus belle : c'était comme si le monde lui-même se secouait et, jetée bas la vieillesse, se couvrait d'une blanche parure d'églises. »

XIe-XIIe SIÈCLES : LE MONDE SE COUVRE D'UNE BLANCHE PARURE D'ÉGLISES

L'an de grâce 1047, le moine clunisien Raoul Glaber tient ces propos enthousiastes, face au formidable élan de construction qui transcende l'Occident chrétien : défiant l'imagination, des églises et cathédrales, aux dimensions étonnantes pour l'époque, surgissent de terre à Tours, Limoges, Reims, Chartres, Conques, Poitiers... L'Europe est entrée dans une ère de prospérité caractérisée par une forte croissance démographique et économique : partout, bois et forêts sont défrichés, les marais asséchés, bien souvent à l'initiative des moines bénédictins de l'ordre de Cluny. Des villes sont créées, nombreuses, sur les grands axes de circulation. Les cités épiscopales connaissent un essor prodigieux. La chrétienté retrouve la foi, la quête du salut devient la préoccupation des fidèles qui découvrent dans les pèlerinages, à Jérusalem, Rome et Compostelle, les chemins de la sainteté.

En Espagne, dans les royaumes chrétiens du Nord, peu à peu libérés de l'emprise musulmane, se dessinent les voies menant au principal sanctuaire de l'apôtre Jacques, Santiago de Compostela. Il est tout à fait remarquable que la plupart des grandes églises romanes hispaniques voient le jour sur les itinéraires jacquaires : la basilique

Emouvante chapelle d'Aragnouet, situé sur la voie du Piémont pyrénéen, février 2002.

ANNVS·EPS·TOLO + ISANVS·ABBS

LA CHAPELLE D'EUNATE... AU CLAIR DE LUNE, MON PREMIER COUP DE CŒUR SUR LES CHEMINS D'ESPAGNE ! OCTOBRE 2002.

de San Isodoro, à Leon, est consacrée, en 1063, par le roi Ferdinand Ier, en présence de l'évêque du Puy-en-Velay ; le fameux « Panthéon des Rois », qui fait la gloire de l'édifice actuel, est construit de 1072 à 1101. En 1075, débute la construction de la cathédrale de Santiago, en 1090 celle de l'église Saint-Martin de Fromista ; cette fin du XIe siècle voit également l'édification de la cathédrale Saint-Pierre à Jaca. Le XIIe siècle verra le plein épanouissement du pèlerinage de Compostelle, comme de l'art roman. Les chevets de la basilique Saint-Sernin de Toulouse ou de l'abbatiale de Conques, les tympans d'Autun, Moissac ou Oloron-Sainte-Marie, le Portique de la Gloire de la cathédrale de Compostelle, les fresques de la basilique San Isodoro, voilà quelques-uns des plus beaux joyaux de cet art des XIe et XIIe siècles qui, jusque l'an 1818, était désigné sous le nom de « gothique » ou « barbare ».

Cette année-là, en effet, pour la première fois, il est qualifié de « roman », sous la plume d'un érudit normand, Charles de Gerville. Arcisse de Caumont, professeur d'archéologie à Caen, popularisera la définition de ce mouvement artistique qui ne cesse de nous enchanter encore aujourd'hui et dont il me paraît indispensable d'en rappeler quelques principes essentiels, pour une meilleure compréhension.

PAGE DE GAUCHE, DURAND DE BREDON, PREMIER ABBÉ CLUNISIEN DE MOISSAC, NOUS SALUE. CLOÎTRE DE L'ABBATIALE SAINT-PIERRE, AOÛT 2002.

L'ART AU SERVICE DE L'ÉGLISE

« Pictura imaginum ad aedificationem imperiti populi fuerunt factae, ut nescientes literas, ipsam historiam attendentes, discernent quid actum sit. »

« Les images servent à l'édification des gens illettrés afin que, en regardant les histoires, ils apprennent ce qui s'est passé. »

VÉZELAY, BASILIQUE SAINTE-MARIE-MADELEINE, SOLEIL LEVANT SUR LES CHAPITEAUX CÔTÉ MÉRIDIONAL, SEPTEMBRE 2002.

Le Pygmée et la Grue, détail d'un chapiteau, salle du chapitre, cathédrale Saint-Lazare d'Autun, septembre 2002.

« Serviteur des serviteurs de Dieu », saint Grégoire le Grand, pape au prestige immense au VIe siècle, souligne, en ces termes, le rôle essentiel de « l'image » dans l'instruction religieuse des populations incultes.

Deux siècles plus tard, le concile de Nicée, en 787, condamne les « iconoclastes » (« ceux qui brisent les images ») et rappelle que l'artiste est au service de l'Eglise : *« La composition des images religieuses n'est pas laissée à l'inspiration des artistes ; elle relève des principes posés par l'Eglise catholique et la tradition religieuse. L'art seul appartient au peintre et la composition aux pères. »*

Au Moyen Age, dès la fin du XIe siècle, églises et cathédrales s'ouvrent comme des merveilleux livres d'images, dont la mission est tout autant d'éduquer fidèles et pèlerins que de chanter la gloire de Dieu. S'inspirant largement des manuscrits enluminés dans les scriptoria des abbayes, les artistes romans vont sculpter dans la pierre ou peindre « a fresco » les histoires de l'Ancien et du Nouveau Testament, l'enseignement des Evangiles de Luc, Mathieu, Marc ou Jean.

Comme le souligne Eliane Vergnolle, dans son ouvrage de référence, *L'Art roman en France* : *« L'art roman est avant tout au service du sacré, même lorsqu'il s'agit de chapiteaux sculptés de motifs d'entrelacs ou de végétaux… Illustrer et commenter les textes bibliques n'est pas la seule mission du décor monumental. Offrir aux fidèles l'image d'un monde resplendissant d'or, de couleurs et de lumière, formant un contraste saisissant avec le cadre terne de leur vie quotidienne, orner, au sens le plus élevé du terme, la maison de Dieu, est une mission également importante. »*

Pages suivantes, en Béarn, il est une cathédrale qui contient un véritable trésor : c'est Notre-Dame de Lescar avec sa mosaïque romane située dans le chœur, juin 2002.

A Bible ouverte

Rappelons-nous ces propos du pape Grégoire le Grand :

« *Les images servent à l'édification des gens illettrés.* » Cette volonté d'instruire les populations est réaffirmée, avec force, par les autorités religieuses, au début du XIe siècle, à l'image des Pères du concile d'Arras, en 1025. Avant que la sculpture et le vitrail ne viennent populariser, au XIIe siècle, le message de l'Eglise, c'est avec la fresque que s'est ouvert le catéchisme biblique.

Dans les dernières décennies du XIe siècle, les jacquets empruntant les voies qui se dessinent dans le duché de Bourgogne ou le comté de Poitou-Aquitaine peuvent se rassurer face au Christ triomphant de la cathédrale d'Auxerre ou… trembler de peur devant l'horrible dragon de l'église Saint-Hilaire de Poitiers. En ces deux édifices prestigieux se délivrent déjà les « révélations » de l'Apocalypse de Jean qui envahiront les églises d'Occident, au siècle suivant.

De ma visite en la cathédrale Saint-Etienne d'Auxerre, je garde le souvenir de cette crypte, édifiée vers 1025-1030, sur le plafond de laquelle apparaît, plein de noblesse, le Christ chevauchant un cheval blanc, selon la scène ainsi décrite par Jean l'évangéliste :

« Puis je vis le ciel ouvert, et voici, parut un cheval blanc. Celui qui le montait s'appelle Fidèle et Véritable, et il juge et combat avec justice… Et il était revêtu d'un vêtement teint de sang. Son nom est la Parole de Dieu. Les armées qui sont dans le ciel le suivaient sur des chevaux blancs,revêtues d'un fin lin, blanc, pur ». (Ap. XIX, 11-14.)

Le Christ triomphant, crypte de la cathédrale d'Auxerre, septembre 2002.

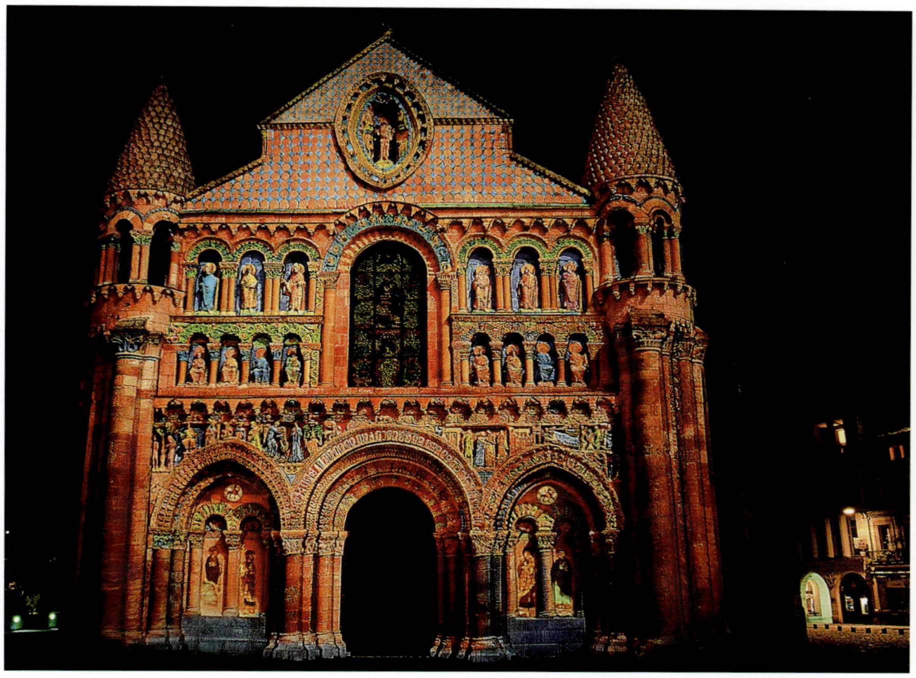

De mes passages, plus fréquents, à Poitiers, je ne cesse de découvrir la richesse de son patrimoine roman, qui plus est, remis « en lumière » depuis quelques années : chaque été, les « Polychromies » viennent illuminer les façades de Notre-Dame-la-Grande et du baptistère Saint-Jean, les recouvrant des vives couleurs dont elles se paraient au Moyen Age. Il faut savoir qu'au XIe siècle les puissants comtes de Poitou, ducs d'Aquitaine, régnaient sur de vastes contrées fertiles, quand les rois de France peinaient à assurer leur autorité sur la seule Ile-de-France.
Poitiers, leur « capitale », est alors une cité florissante qui, après l'an mil, voit sortir de terre moult chantiers d'églises : entre 1040 et 1100, furent édifiées, en effet, Notre-Dame-la-Grande, Sainte-Radegonde, Saint-Jean-de-Montierneuf et Saint-Hilaire… excusez du peu ! Elevée en grande partie grâce à l'argent de la reine d'Angleterre et de la comtesse Agnès, cette dernière reçut sa dédicace à saint Hilaire, le 1er novembre 1049, en présence de treize évêques et archevêques.
Je sais bien que Notre-Dame-la-Grande lui fait aujourd'hui de l'ombre (avec les fameuses « Polychromies », créées par Skertzo), mais je suis sûr que, tout comme moi, vous saurez admirer la beauté de ses chapiteaux (à l'image de « la mort de saint Hilaire ») et de ses fresques, la « Charité de saint Martin » et surtout, celles de l'Apocalypse. Ce n'est qu'en 1987 que furent dégagées des fresques dans le chœur, sous un bandeau de pierre qui les avait protégées des intempéries. J'ai retrouvé en l'église, dédiée au premier évêque connu de Poitiers, plusieurs scènes de l'Apocalypse que j'avais déjà pu contempler sous le porche de l'abbatiale de Saint-Savin (qui en offre d'ailleurs le cycle le plus complet).
Tout comme les pèlerins d'antan, j'ai tremblé d'effroi face au monstrueux dragon (symbolisant les ennemis de l'Eglise), attaquant la Vierge, mère du Christ :

« Un grand signe parut dans le ciel : une femme enveloppée du soleil, la lune sous ses pieds, et une couronne de douze étoiles sur sa tête.
Un autre signe parut encore dans le ciel ; et voici, c'était un grand dragon rouge feu, ayant sept têtes et dix cornes, et sur ses têtes sept diadèmes.
Sa queue entraînait le tiers des étoiles du ciel, et les jetait sur la terre. Le dragon se tint

A GAUCHE, À POITIERS, LES ILLUMINATIONS DE NOTRE-DAME-LA-GRANDE PERMETTENT D'IMAGINER LES COULEURS QUI RECOUVRAIENT NOMBRE D'ÉGLISES ET CATHÉDRALES À L'ÉPOQUE ROMANE, AOÛT 2001.
A DROITE, IL EST UNE PETITE ÉGLISE QUI CONTIENT DES MERVEILLES, C'EST SAINTE-ENGRÂCE EN SOULE, PERDUE AU « PAYS DES OURS ». LA SPLENDEUR DES CHAPITEAUX COLORÉS N'A D'ÉGALE QUE LEUR DIVERSITÉ, JUIN 2002.

Statues-colonnes des apôtres (XIVe) de toute beauté, vestiges d'un portail gothique rescapé ; cathédrale de Dax, juin 2002.

devant la femme qui allait enfanter, afin de dévorer son enfant, lorsqu'elle aurait enfanté. Elle enfanta un fils, c'est lui qui doit mener paître toutes les nations avec une verge de fer. Et son enfant fut enlevé auprès de Dieu et de son trône ». (Ap. XII, 1-5.)

L'art roman au XIIe siècle ou « l'instruction forcée » des fidèles

Aujourd'hui, nous nous extasions, à juste titre, sur les chapiteaux de l'église Saint-Pierre d'Aulnay-de-Saintonge, de la basilique de Vézelay ou du cloître de Moissac, les fresques de Saint-Savin ou de San Isodoro à Leon… Certes, le beau n'était point absent des églises médiévales, mais il ne faudrait pas oublier la vocation première de l'art au Moyen Age : instruire les gens illettrés et leur rappeler l'heure du Jugement dernier.
Le message inscrit dans la pierre du tympan de Conques, église pèlerine par excellence, est on ne peut plus clair :

« O peccatores, transmutetis nisi mores judicium durum vobis scitote futurum. »
« O pêcheurs, si vous ne changez pas vos mœurs, sachez que vous subirez un jugement redoutable. »

Page de droite, lumières de fin de journée, cathédrale Sainte-Marie d'Auch en Gascogne, juin 2002.
Pages suivantes, aux équinoxes de printemps et d'automne, un rayon de lumière vient se poser sur le chapiteau de la Nativité, merveilleusement ciselé, à San Juan de Ortega en Castille, août 2001.

C'est précisément le « Jugement dernier », selon l'Evangile de saint Matthieu, qui y est enseigné, d'une manière très didactique :

« Quand le Fils de l'homme viendra entouré de ses anges, il siégera sur son trône de gloire. Toutes les nations seront rassemblées devant lui. Il séparera les hommes les uns des autres, comme le berger sépare les brebis des boucs.

Le roi dira alors à ceux qui seront à sa droite : venez, vous qui êtes les bénits de mon Père, prenez possession du royaume qui a été préparé pour vous dès l'origine du monde... Il dira ensuite à ceux qui seront à sa gauche : éloignez-vous de moi, vous qui êtes maudits, dans le feu éternel préparé pour le diable et ses anges. Ceux-ci s'en iront vers leur châtiment éternel, les autres, au contraire, vers la vie éternelle... »

Au centre, trône le Christ en majesté, autour duquel tout s'ordonne : à sa droite, les élus, désignés par sa main droite levée ; à sa gauche, les damnés, signalés par sa main gauche baissée. Le ciel est bleu, l'enfer, rouge. Tout est symbole dans cet incomparable « tableau » de la destinée humaine, composé d'une vingtaine de scènes édifiantes, dont le sens est d'ailleurs défini par les inscriptions latines courant sur le tympan.

Au XIe siècle, le message biblique a été essentiellement délivré « a fresco » par la fresque peinte sur l'enduit frais. Rares sont encore les chapiteaux historiés, ceux qui racontent des scènes de l'Ancien et du Nouveau Testament.

Au XIIe siècle, l'art sacré, sous toutes ses formes (peinture, sculpture, vitrail), clame le chant du christianisme victorieux, de l'Eglise triomphante. Le Christ en majesté se dessine sur les fresques et peintures murales, se cisèle dans la pierre des tympans et le verre des vitraux. Les scènes de la Bible ou des vies « exemplaires » des saints s'illustrent dans l'incroyable litanie des églises romanes qui peuplent l'Occident et, bien sûr, les grandes voies pèlerines de France et d'Espagne.

Avant de partir à la découverte de quelques-unes de ces merveilles de l'art roman (quel déchirement que de faire un choix !), je voudrais vous rapporter mon émotion lors de la découverte, il y a quelques années, du somptueux décor peint de plusieurs églises disséminées le long de la vallée du Loir.

Au XIIe siècle, très nombreux furent les pèlerins de Saint-Jacques, cheminant depuis l'Europe du Nord, Paris ou la Normandie, à emprunter cette antique voie de circulation pour rejoindre le tombeau de saint Martin à Tours. Leur « saint voïatge » se voyait, de plus, balisé de reliques ô combien réputées : le « Voile de la Vierge », exposé en la cathédrale Notre-Dame de Chartres (dont la crypte fut commencée en 1020), et la « Sainte Larme du Christ », en l'église abbatiale de Vendôme.

Nous possédons un témoignage émouvant du passage des jacquets en cette vallée du Loir : en 1937, dans la petite chapelle Saint-Gervais-des-Roches (près de Montoire), a été mise au jour une fresque représentant deux pèlerins de Compostelle agenouillés face au Christ ou à un saint bénissant. Comme des milliers de leurs semblables cheminant par les sentiers longeant les eaux paisibles du fleuve, ils pouvaient s'instruire et admirer les couleurs chatoyantes des fresques et peintures murales décrivant moult scènes de la sainte Bible.

De ces joyaux romans, quelques-uns ont heureusement survécu et, comme les jacquets d'antan, j'ai pu découvrir la « Pêche miraculeuse au lac de Tibériade » et le « Repas d'Emmaüs », en la salle capitulaire de l'abbaye de la Trinité à Vendôme... La « Crucifixion » et la « Résurrection des morts », en la chapelle Saint-Jacques-des-Guérets à Trôo... L'« Annonciation », la « Visitation », la « Nativité » à Areines, etc.

Quel bonheur de contempler les trois « Christ en majesté » de la chapelle Saint-Gilles à Montoire-sur-le-Loir : celui de l'abside est le Christ du Jugement, tel qu'il est dépeint dans l'Apocalypse, entouré des symboles des Evangélistes et portant le « Livre aux Sept Sceaux ».

Au risque de me répéter, il me paraît indispensable, à ce stade, d'ouvrir ce fameux Livre, qui connut une immense fortune au Moyen Age, puisqu'il fut la source d'inspiration favorite des copistes dans les scriptoria des monastères, puis des maîtres de l'enluminure, de la peinture, de la sculpture et du vitrail. L'Apocalypse est, en effet, le texte de la Bible qui a été le plus illustré à l'époque médiévale.

PÈLERINS D'EMMAÜS, CHAPITEAU DE L'ENTRÉE, ÉGLISE SAINTE-ENGRÂCE EN SOULE, PYRÉNÉES, JUIN 2002.

L'Apocalypse de Jean

Dernier livre du Nouveau Testament, cet ouvrage, qui tire son nom du grec signifiant « révélation », est attribué à Jean, l'un des quatre évangélistes. Celui-ci l'aurait écrit à la fin du premier siècle de notre ère, alors qu'il était exilé dans l'île de Patmos. Les chrétiens se trouvaient alors confrontés à de terribles persécutions, et c'est pour les réconforter qu'il composa des visions prophétiques et symboliques, annonçant le triomphe du Christ et le salut des justes, à l'heure du Jugement dernier.

Les persécutions, les cataclysmes ne constituent que le prélude à la victoire du christianisme sur les machinations de Satan et des ennemis de Dieu. « L'Apocalypse est le chant du triomphe de l'Eglise persécutée, l'épopée de l'espérance chrétienne. »

A l'époque romane, les représentations de l'Apocalypse sont essentiellement inspirées des « Beatus », manuscrits enluminés qui portent le nom de Beatus, abbé du monastère de Liebana, situé au pied des monts Cantabriques (Asturies), en Espagne du Nord. Autorité intellectuelle et religieuse reconnue en son temps, ce VIIIe siècle où l'islam a étendu le règne de Mahomet sur presque toute l'Espagne, Beatus a marqué de son empreinte le pèlerinage de Compostelle, tout autant que l'art roman. En effet, c'est lui qui, le premier, fait de l'apôtre Jacques l'évangélisateur de l'Espagne, rappelant dans son *Commentaire de l'Apocalypse* les missions d'évangélisation que leur avait confiées le Christ :

« Ces douze disciples du Christ, prédicateurs de la foi, docteurs des nations, lesquels, sans cesser de ne faire tous qu'un, reçurent pour évangéliser le monde des sorts différents en partage : Pierre reçut Rome ; André, la Grèce ; Thomas, l'Inde ; Jacques, l'Espagne ; Jean, l'Asie ; Matthieu, la Macédoine ; Philippe, la Gaule… »

Commentaire de l'Apocalypse, Saint Sever, XIe siècle.

BNF, ms. lat. 8878, f° 145v°

Le moine de Liebana est surtout passé à la postérité pour cet ouvrage, le *Commentaire de l'Apocalypse*, dont il livrera trois versions, en 776, 784 et 786. Tous les grands historiens d'art soulignent son rôle majeur dans la peinture et la sculpture médiévales. Ainsi Emile Mâle : « *Les sculpteurs sont allés chercher, plus d'une fois, leur inspiration dans les manuscrits de Beatus. Comment s'en étonner ? Le livre, par ses couleurs violentes, ses dessins étranges, son atmosphère de rêve, exerce sur l'imagination une véritable tyrannie : qui l'a vu une fois ne l'oublie plus.* »

Et Jacques Fontaine, dans son magistral *Art mozarabe*, aux éditions du Zodiaque : « *Les trente et un exemplaires survivants du cycle de miniatures consacré à illustrer le commentaire de Beatus de Liébana sur l'Apocalypse attestent le long et vaste rayonnement de ce qu'on peut appeler l'école ou les écoles des "Beatus". Elles ont atteint sans conteste l'un des plus hauts sommets dans l'histoire de la peinture médiévale en Occident.* »

Chance insigne, la Bibliothèque nationale de France, à Paris, possède l'un de ces fabuleux manuscrits enluminés, l'*Apocalypse de Saint-Sever*, qui inspira de très nombreux artistes, en France, à l'époque romane. Le « Beatus de Saint-Sever » est exceptionnel parce qu'il est d'origine française : il a été enluminé dans le scriptorium de cette abbaye landaise, dont la renommée fut grande, sous l'abbatiat de Grégoire de Montaner (1028-1072).

Je me souviens encore parfaitement du choc éprouvé face aux couleurs éclatantes des quarante-neuf enluminures exposées, en fac-similé, au couvent des Jacobins (aujourd'hui, à l'Office de tourisme de Saint-Sever), le bleu lumineux du « quatrième ange à la trompette » :

« *Le quatrième ange sonna de la trompette. Et le tiers du soleil fut frappé, ainsi que le tiers de la lune, et le tiers des étoiles, afin que le tiers en soit obscurci ; le jour perdit un tiers de sa clarté, et la nuit de même.*

Je regardai, et j'entendis un aigle qui volait au milieu du ciel, disant d'une voix forte : Malheur, malheur, malheur aux habitants de la terre, à cause des autres sons de trompette que les trois anges vont faire retentir ! »

Chagall y a-t-il puisé quelque inspiration ?

La vision de Saint Jean. Commentaire de l'Apocalyse de Saint Sever, XIE siècle. BNF, MS LAT. 8878, F°. 121 v° 122

Et cette symphonie d'ocres rouge et jaune se mariant aux bleu et vert, des plus purs, des « vingt-quatre vieillards adorant Dieu », que je découvris, également émerveillé, sur les murs de l'église Saint-Martin-de-Fenollar, près de Perpignan. Cette enluminure est généralement baptisée la « Vision de saint Jean », en référence à ses écrits :

« Une porte était ouverte dans le ciel... aussitôt je fus saisi par l'Esprit. Et voici, il y avait un trône dans le ciel et, siégeant sur le trône, quelqu'un...

Autour du trône, je vis vingt-quatre trônes, et sur ces trônes vingt-quatre vieillards assis, revêtus de vêtements blancs, et sur leurs têtes, des couronnes d'or...

Il y a encore devant le trône comme une mer de verre, semblable à du cristal. Au milieu du trône et autour du trône, il y a quatre êtres vivants remplis d'yeux devant et derrière.

Le premier être vivant est semblable à un lion, le second être vivant est semblable à un veau, le troisième être vivant a la face d'un homme, et le quatrième être vivant est semblable à un aigle qui vole. » (Ap. IV, 2-7.)

Cette « Vision de saint Jean » sera pour la première fois (et avec quel talent !) retranscrite dans la pierre du tympan de l'abbatiale de Moissac, avant d'être chantée sur les façades ou les portails de nombreuses églises romanes (Saulieu, Aulnay-de-Saintonge, Saintes...), pour aboutir à la géniale création de maître Mateo, au « Portique de la Gloire » de la cathédrale de Santiago.

Ce dernier chef-d'œuvre ainsi que celui de Moissac sont abondamment commentés dans tous les livres consacrés à l'art roman. Je m'en réjouis, bien sûr, mais, de tous les édifices, où s'illustre l'Apocalypse, j'aimerais vous livrer mes « coups de cœur » à présent :

La façade de la chapelle Saint-Michel d'Aiguilhe, près du Puy-en-Velay

« Quelle féerie pour le visiteur qui arrive le matin devant cette façade polychrome que viennent caresser les rayons du soleil ! Que faut-il le plus admirer : sa mosaïque de marbre ou sa sculpture ? Les deux, car l'une fait valoir l'autre, l'œuvre du sculpteur se détache, en effet, sur une mosaïque de losanges rouges et blancs, disposés en bandes variées et unis par des joints de ciment rose, qui leur donnent une grande luminosité.

L'art roman trouve un lieu privilégié dans les portails des églises pour y faire chanter dans sa sculpture la foi, dont vivent les hommes de son époque.

Ici à Saint-Michel la porte de la chapelle s'ouvre sous un arc trilobé, très gracieux, décoré de rinceaux, qui lui donnent un caractère oriental du plus bel effet... »

Ces quelques lignes, extraites de *Saint-Michel d'Aiguilhe*, ouvrage dû à la plume savante de Roger Martin, chanoine de Notre-Dame du Puy, exaltent la lumineuse beauté de cet édifice remarquable à plusieurs titres. Son origine, tout d'abord, liée au pèlerinage de Compostelle : c'est, en effet, à son retour de Santiago, que l'évêque du Puy, Gotescalc, favorise l'édification d'un oratoire sur ce rocher volcanique, véritable « doigt de Dieu » tendu vers le ciel. Nous possédons même un document très rare du Xe siècle, sa charte de fondation, conservée aux archives départementales de Haute-Loire.

Les fresques qui couvraient la voûte et les murs intérieurs ont (hélas) perdu de leur superbe, mais cette déception est largement compensée par la richesse de sa façade, illuminée de mosaïques de losanges rouges et blancs, sublimée par un arc trilobé d'une rare perfection : je ne me souviens pas avoir admiré plus harmonieux sur les églises romanes de France ou d'Espagne. Cette façade délivre, une fois de plus, le message de l'Apocalypse et du Jugement dernier.

Au premier plan, lovées sur le linteau de la porte, les sirènes nous attirent irrésistiblement : agitant au-dessus de leurs têtes un voile qui ressemble à un linceul, elles symbolisent les morts qui étaient sous la terre (l'une a une queue de serpent) et ceux qui étaient dans la mer (l'autre a une queue de poisson). A l'appel de l'ange, elles ressusciteront, selon le verset suivant :

« La mer rendit les morts qui étaient en elle, la mort et le séjour des morts rendirent les morts qui étaient en eux, et chacun fut jugé selon ses œuvres. » (Ap. XX, 13.)

Je laisse la parole au chanoine Martin, à propos du message délivré sous l'arc trilobé :

« L'artiste est allé puiser son inspiration dans l'Apocalypse de saint Jean et dans la Genèse. Il a sculpté au centre, présenté par deux anges, "l'Agneau de Dieu", le Christ rédempteur, entouré de huit vieillards qui lui offrent, dans leurs mains voilées, les coupes d'or remplies de ce parfum que sont pour Dieu les prières des hommes. Nous sommes ici une fois de plus en présence de ce thème architectural si fréquent aux XIIe et XIIIe siècles, de "l'Agnus Dei"... »

Levons la tête, enfin, vers la corniche qui domine l'ensemble : le Christ trône au centre, juge souverain, placé entre l'alpha et l'oméga. Il présente le « Livre de Vie » (comme sur le tympan de Moissac). A sa droite, la Vierge Marie et saint Jean tenant un livre (les Evangiles ou l'Apocalypse ?). A sa gauche, saint Michel et saint Pierre.

C'est le Jugement dernier qui y est ainsi représenté : le Christ qui juge, la Vierge, les apôtres Pierre et Jean, l'archange Michel intercédant auprès du Dieu souverain en faveur des pêcheurs, pour qu'il leur accorde le salut éternel.

Voici (brièvement) résumé le message de la façade de cette chapelle, objet de nombreuses études. Son histoire,

Il est saisissant d'attendre la fin de journée pour voir s'animer un à un les personnages qui habitent le superbe porche de la cathédrale Sainte-Marie-d'Oloron ; ici, l'un des vieillards de l'Apocalypse jouant du luth, juin 2002.

ses richesses n'ont pas fini de nous étonner : en 1955, à l'occasion de travaux de réfection de l'autel, fut découvert un christ-reliquaire, aux grands yeux noirs en amande, que je tiens également pour une pure merveille. D'influence hispanique, il rappelle les très beaux christs romans, visibles au musée d'Art de Catalogne, à Barcelone.

Le portail de la cathédrale Sainte-Marie-d'Oloron

La construction de cette cathédrale a débuté vers 1102, au retour de croisade du vicomte de Béarn, Gaston IV, Roger de Sentes étant évêque. De cet édifice roman subsiste l'admirable portail, aujourd'hui inscrit au patrimoine de l'humanité par l'Unesco.
Dans son très beau livre, *La Cathédrale Sainte-Marie-d'Oloron*, Pierre-Louis Giannerini, professeur d'histoire, dont la compétence n'a d'égale que la modestie, souligne que « *deux maîtres se sont succédé ici : le premier a imaginé l'ensemble mais n'a réalisé que le tympan et le trumeau, le second a assemblé les divers éléments mais n'a sculpté que les voussures et les chapiteaux* ».
La « Descente de Croix » du tympan est tout à fait remarquable… Que dire des « Vieillards de l'Apocalypse » et des représentations de scènes de la vie quotidienne des voussures ? Superbes… Sublimes… Arrêtons là les superlatifs pour en saisir le sens profond dégagé par Pierre-Louis Giannerini : « *Il nous semble que les voussures, celle des activités et celle des rois, si proches toutes les deux et dues au même artiste, sont solidaires matériellement et spirituellement. L'une comme l'autre peuvent s'expliquer grâce à l'Apocalypse, par l'accès du "royaume des cieux", à la "manne cachée", aux "noces de l'Agneau" justement annoncés par les Vieillards : "Soyons dans l'allégresse et dans la joie, rendons gloire à Dieu car voici les noces de l'Agneau, et son épouse s'est fait belle… Heureux les gens invités aux noces de l'Agneau"…* »

Au Puy-en-Velay, la rude montée à Saint-Michel d'Aiguilhe est récompensée quand on pénètre à l'intérieur de cette chapelle millénaire, août 2002.

Le pèlerinage de Compostelle et l'art roman

Au printemps de l'an 2000, visitant pour la troisième fois la basilique de San Isodoro, à Leon, en compagnie d'enseignants, l'un de ceux-ci me fit remarquer, fort opportunément, la présence de saints « français » dans les célèbres peintures qui lui valent le titre de « chapelle Sixtine » de l'art roman. On y découvre en effet les représentations de saint Gilles et saint Martin sur les arcs, saint Martial, *« marcialis pincerna »,* figurant comme échanson dans la Cène. Le fondateur de l'église de Limoges était d'ailleurs honoré dans la ville de Leon, depuis le Xe siècle. La référence à trois saints « français » et leurs sanctuaires n'est pas fortuite : elle témoigne de leur popularité en terre hispanique, comme de l'absence de « frontières » dans l'art roman, auquel le pèlerinage de Compostelle apporte, me semble-t-il, une double contribution.

Des échanges artistiques permanents

« Les échanges entre chantiers concernaient des artistes d'origine diverse, tant "espagnole" que "française". On a pu ainsi vérifier que ceux qui s'effectuèrent entre la cathédrale de Jaca et Saint-Sernin de Toulouse jouèrent dans les deux sens, mais c'est à Compostelle qu'on prend le mieux conscience du rôle de brassage joué par la route. On reconnaît sur la porte des Orfèvres toutes les tonalités de la grande sculpture figurative des routes du pèlerinage au début du XIIe siècle : celle de Toulouse, celle de Leon, celle de Jaca et même celle de Conques.
C'est un peu comme si tous ces dialectes artistiques unissaient leurs voix pour célébrer la grandeur du dieu chrétien et de l'apôtre Jacques… »

Nul mieux que Marcel Durliat, éminent spécialiste de l'art roman, n'a souligné ainsi le « brassage » constant, pratiqué sur les chantiers de construction des églises de France et d'Espagne. Maîtres et compagnons maçons, sculpteurs, peintres, ont de tout temps emboîté le pas des pèlerins.
Dans une étude extrêmement détaillée sur l'église abbatiale de Conques (publiée dans *Rouergue roman*, Ed. du Zodiaque), Jean-Claude Fau, professeur émérite, livre de multiples signes de convergence entre le sanctuaire rouergat et la cathédrale de Santiago ; ainsi, à propos du chapiteau « La Condamnation de sainte Foy », présent dans les deux édifices : *« C'est avant tout au traitement d'un visage que se reconnaît la marque d'un artiste. Ici, il paraît difficile de trouver, dans toute la sculpture romane, deux têtes aussi semblables, avec les boucles de cheveux alignées sur le front, la mâchoire carrée, la petite bouche pincée, les yeux rapprochés et forés au trépan. »*
Jean-Claude Fau a même tenté de reconstituer l'itinéraire « professionnel » du maître sculpteur ayant œuvré à Compostelle puis à Conques : *« Dans sa jeunesse, c'est-à-dire avant*

Cloître de la cathédrale Notre-Dame du Puy, août 2002.

1088, il exécute les chapiteaux de la chapelle Saint-Sauveur ; puis, après avoir participé au programme iconographique de la porte de France, il abandonne le chantier de Saint-Jacques pour celui de Conques, une vingtaine d'années plus tard… Il est logique de penser que, pour le grand tympan de leur abbatiale, les bénédictins de Sainte-Foy fassent appel à un artiste confirmé. Celui-ci emporte avec lui, dans ses carnets, les croquis des œuvres déjà réalisées à Compostelle par des confrères : les anges à phylactères, les diables de la Tentation du Christ, mais aussi la scène de la condamnation de sainte Foy… Une fois à Conques, il forme et influence à son tour des ouvriers.
Par là même, Sainte-Foy de Conques va être appelée à jouer le rôle de relais entre la sculpture de Compostelle et celle de l'Auvergne. »

Tous les historiens d'art mettent en avant ces échanges artistiques incessants, et s'il fallait encore une preuve, quel plus beau symbole que celui du « christianisme triomphant », représenté par l'empereur Constantin, en cavalier victorieux, sur le porche de l'église Santa Maria del Camino, à Carrion de los Condes, comme sur les façades d'églises romanes de Poitou et Saintonge.

L'influence hispano-mauresque en France

Un ange qui parle arabe !
Chef-d'œuvre reconnu de l'art roman, le tympan de Conques est dominé par « les anges sonneurs d'olifant ». Or, l'un d'eux porte, au bas de sa tunique, cette inscription en caractères coufiques : « *al houm* », « *gloire à Dieu* ». Les spécialistes spéculent à ce sujet, sur cette présence à première vue surprenante, dans une œuvre destinée à l'édification des fidèles et pèlerins. Est-ce un sculpteur « mozarabe », admirateur de la civilisation d'Al-Andalus, qui a voulu ainsi laisser une empreinte discrète ?
Au Puy-en-Velay, sur les magnifiques portes de bois sculptées (XIIe siècle) du porche de la cathédrale, je fus très étonné de découvrir également des caractères coufiques (forme ancienne de l'écriture arabe), tout comme à Moissac, dans le cloître, sur le tailloir d'un chapiteau, cette inscription (toujours en coufique) qui se traduit : « *Il n'y de dieu que Dieu.* »
L'apport de l'art hispano-mauresque à la civilisation médiévale européenne, glorifiée par l'art roman, est bien plus important qu'on ne l'imagine à priori. Georges A. Bertrand, auteur d'une exposition remarquable sur les « Mémoires musulmanes en cœur de France », souligne, en ces termes, le rôle du pèlerinage de Compostelle :
« *Des milliers et des milliers de pèlerins, moines, artistes et architectes, reviendront d'Espagne, une Espagne de plus en plus vaste*

Façade de Saint-Michel d'Aiguilhe, arc trilobé du portail, août 2002.

à mesure que s'étendent les nouveaux états chrétiens, avec dans leurs besaces des carnets de croquis, des coffrets d'ivoire apportant une nouvelle manière de concevoir le relief, des pièces de tissus couvertes d'animaux fabuleux affrontés, avec en mémoire les motifs décoratifs pris à Tudela, Huesca, Saragosse…
Au-delà du pèlerinage, c'est donc, ironie de l'histoire, la "Reconquista", conquête de l'Espagne musulmane par les troupes chrétiennes, qui apportera l'art musulman en terre chrétienne, aussi bien dans les nouvelles églises espagnoles qu'en France. Et ce seront elles qui introduiront en France les arcs festonnés et polylobés, les modillons à copeaux, les caractères coufiques utilisés non pour leur sens (souvent religieux), mais pour leur beauté, leur finesse, l'originalité de leurs lignes… »

Alem Serre-Garcia, écrivain occitan, abonde en ce sens :
« La civilisation d'Al-Andalus est prestigieuse dans tous les domaines de l'art et de la pensée. On assiste à une véritable interpénétration d'idées et de formes. Les architectes, les "imagiers" voyagent, ils découvrent des formes, les transposent, comme à l'Hôpital-Saint-Blaise qui nous rappelle Cordoue. »

Oui, l'Hôpital-Saint-Blaise (à 25 km d'Oloron-Sainte-Marie) peut revendiquer, sans conteste, une profonde influence hispano-mauresque, avec sa coupole sur nervures, entrecroisée en étoile, ses arcs polylobés et des fenêtres à claustra, aux motifs géométriques arabisants. Quelle joie de visiter cette église, en profitant du dispositif « son et lumière », judicieusement mis en place à l'intérieur.

L'église Sainte-Croix d'Oloron possède également une très belle coupole, similaire à la précédente. Mais, peut-être encore mieux que dans les coupoles, c'est surtout dans les arcs polylobés que l'art d'Al-Andalus exprime toute sa beauté : chefs-d'œuvre, les arcs trilobés des tribunes sud de l'abbatiale Saint-Austremoine d'Issoire et de la façade Saint-Michel d'Aiguilhe ; élégants et si harmonieux, ces arcs polylobés ornant les portails de nombreuses églises, situées sur des itinéraires jacquaires. Pour ne citer que quelques-uns que j'ai pu admirer sur l'abbatiale de Celles-sur-Belle (Deux-Sèvres), la collégiale Saint-Pierre du Dorat (Haute-Vienne), l'église Notre-Dame de La Souterraine et l'abbatiale de Bénévent-l'Abbaye (Creuse), l'église Saint-Jacques d'Aubeterre (Charente) et celle de Saint-Pierre de Neuillac (Charente-Maritime)…

Christ reliquaire en bois polychrome de la chapelle Saint-Michel d'Aiguilhe, XIe-XIIe siècles, pure merveille de l'art roman.

Conservation des A.O.A. Haute-Loire, cliché Pierre Burger

Chemins de Compostelle
Chemins de Merveilles

De la chapelle Saint-Michel d'Aiguilhe, consacrée en 962, aux « Pèlerins en marche », sculptés à l'aube du troisième millénaire, près de l'Hôpital-Neuf de Pons, le pèlerinage de Compostelle a, de tout temps, inspiré les artistes, maîtres enlumineurs, peintres, sculpteurs et verriers. L'art roman y occupe, tout naturellement, la place d'honneur, au point que parfois, tous deux se confondent pour notre plus grand bonheur : oui, je l'avoue, j'ai cédé aux sirènes de la chapelle auvergnate comme à celles de l'église Saint-Eutrope de Saintes... J'ai contemplé, fasciné, la danse lascive de Salomé devant Hérode, divinement exprimée sur les chapiteaux de Lacommande d'Aubertin et du musée des Augustins à Toulouse... Quant aux tympans de Moissac et Vézelay... aux cloîtres d'Arles et... Moissac ! au Portique de la Gloire de la cathédrale de Santiago !
Certains lecteurs me reprocheront, avec raison, de ne pas mettre en lumière les splendeurs de l'art gothique : cathédrales de Chartres, Bourges, Burgos... fabuleuses verrières de celle de Leon... et cet art plateresque, dont se pare la façade de l'hôpital San Marcos, toujours à Leon...
C'est vrai, la prospérité engendrée sur les cités du Camino Francés a favorisé, au fil du temps, l'épanouissement des divers styles des arts sacrés. Mais, mon cœur penchera toujours pour l'art roman, tant il me semble, que grâce au talent de ses maîtres, l'humain et le divin ne firent plus qu'un.

Merci au gardien des lieux pour m'avoir autorisé à attendre la course du soleil éclairant les chapiteaux de l'église Saint-Blaise de Lacommande en Béarn. Ici des personnages fantastiques s'affrontent dans l'abside du chevet, juin 2002.

Bibliographie

• Sur les pèlerinages

Pèlerinages et Croisades
Publication du Comité des travaux historiques et scientifiques, contenant une communication très complète du *Pèlerinage et culte de saint Jacques en France* d'Humbert Jacomet. Ed. du CTHS. 1995.

Pèlerinages, Compostelle, Jérusalem, Rome
Sous la direction de Paolo Caucci von Saucken. Ed. du Zodiaque - Desclée de Brouwer. 1999.

Vierges Noires
Par Sophie Cassagnes-Brouquet. Ed. du Rouergue. 2000.

Visages de pèlerins au Moyen Age
Par Marcel et Pierre-Gilles Girault. Ed. du Zodiaque. 2001.

• Sur le pèlerinage de Compostelle

Sur les chemins de Saint-Jacques
Par René de La Coste-Messelière. Ed. Perrin. 1993.

Quand l'Islam était aux portes des Pyrénées
Par Pierre Tucoo-Chala. Ed. J. et D. 1994.

Compostelle et cultes de saint Jacques au Moyen Age
Par Denise Péricard-Méa. Ed. Presses Universitaires de France. 2000.

Dans les pas de saint Jacques
Par Denise Péricard-Méa. Ed. Tallandier. 2001.

Sur les chemins de Compostelle
Par Patrick Huchet et Yvon Boëlle. Ed. Ouest-France. 2002.

• Sur les témoignages de pèlerins

Un paysan picard à Saint-Jacques-de-Compostelle (1726-1727)
Par Guillaume Manier, présentation par Jean-Claude Bourlès. Petite Bibliothèque Payot. 2002.

Retours à Conques
Le Grand Chemin de Compostelle
Passants de Compostelle
L'incontournable trilogie de Jean-Claude Bourlès. Petite Bibliothèque Payot. 2001.

Compostelle, carnet de route d'un pèlerin
Par Luc Adrian. Ed. Presses de la Renaissance. 2002.

• Sur l'art roman

Il faut saluer, comme il convient, le formidable travail des éditions du Zodiaque, fondées en 1951, à l'abbaye de la Pierre-qui-Vire, au cœur du Morvan, par le moine bénédiction Dom Angelico Surchamp, dont les ouvrages sur l'art roman font autorité. De leur riche catalogue, j'extrais ces quelques titres :

Lexique des symboles
Par Olivier Beigbeder.

Le Monde des symboles
Par Gérard de Champeaux et Dom Sébastien Sterckx.

Dictionnaire d'iconographie romane
Par Marc Thoumieu.

Routes romanes
France romane
Par Raymond Oursel.

Espagne romane
Par Marcel Durliat.

Art mozarabe
Par Jacques Fontaine.

Auvergne romane
Par le chanoine Bernard Craplet.

Rouergue roman
Par Jean-Claude Fau.

Pyrénées romanes
Par Marcel Duriat et Victor Allègre.

Navarre romane
Par Dom Luis Maria de Lojendio.

Dans la collection « La Nuit des temps », l'art roman est étudié dans chaque région de France et d'Espagne.
Il faut absolument consulter le catalogue des éditions du Zodiaque pour découvrir leurs dernières nouveautés, comme celles de la collection « La Voie lactée », où je distingue cet ouvrage :

Le Maître de Cabestany
Par Olivier Poisson et al.

L'art roman en France
Par Eliane Vergnolle. Ed. Flammarion. 1994.

Figures romanes
Par Frank Horvat et Michel Pastoureau. Ed. du Seuil. 2001.

Sud-Ouest roman
Par G. Bernard et G. Jungblut. Ed. Privat.

Le Cloître de Moissac
Par Quitterie Cazes et Maurice Scellès. Ed. Sud-Ouest.

La Cathédrale Sainte-Marie d'Oloron
Par Pierre-Louis Giannerini. Chez l'auteur, 81, rue Labarraque, 64400 Oloron-Sainte-Marie.

• Une exposition

Traces, mémoires musulmanes en cœur de France
Conçue et réalisée par Georges A. Bertrand
Les Engoulevents, 19270 Travassac.

• Des publications spécialisées

Civilisation médiévale
Par le Centre d'études supérieures de civilisation médiévale
24, rue de la Chaîne, BP 603, 86022 Poitiers, tél. : 05 49 45 45 63.
« Le culte des saints aux IXe-XIIIe *siècles », « L'épopée romane »...*

Les Cahiers de Saint-Michel-de-Cuxa
Par l'Association culturelle de Cuxa, 66500 Codalet.

Les Cahiers de Fanjeaux
Publiés, chaque année, par les Editions Privat.

Des Centres d'information sur l'art roman

Espace Art roman
Maison du Tourisme
de Clermont-Ferrand
Place de la Victoire, 63000 Clermont-Ferrand, tél. : 04 73 98 65 00

Centre d'Art roman Georges-Duby
Mairie d'Issoire, Service culturel, BP 2, 63501 Issoire Cedex,
tél. : 04 73 89 71 52.

Centre international d'Art mural
86310 - Saint-Savin,
tél. : 05 49 48 66 22.

CURIEUSE STATUE DE SAINT JACQUES
DANS LA PETITE ÉGLISE DE GUITTÉ, BRETAGNE.

Remerciements
Merci à tous ceux qui, de près ou de loin, ont aidé à la réalisation de cet ouvrage ; à ceux qui nous ont ouvert les portes de lieux prestigieux et qui ont permis la réalisation des prises de vue ; à ceux qui nous ont ouvert musées et bibliothèques... Il n'est pas possible de citer tout le monde mais qu'il nous soit permis de remercier particulièrement : madame Popoff de Saint-Gilles-du-Gard et madame Caylux d'Arles, Antoinette Mayol de Toulouse, messieurs les curés de Lescar et de Sainte-Engrâce (Pyrénées-Atlantiques), Pierre-Louis Giannerini d'Oloron-Sainte-Marie, le personnel de l'abbaye de Moissac...
Merci aussi à la commune de Brec'h (Morbihan) pour son soutien,
à Gisèle et Jean-Claude Bourlès, défricheurs de nos chemins.

En première de couverture : le prophète Jérémie,
abbatiale Saint-Pierre de Moissac.

En quatrième de couverture :
Paysages de la Meseta en Castille
Pèlerins dans le cloître de Moissac

Editeur
Christian Ryo
Coordination éditoriale
Isabelle Rousseau
Conception graphique et mise en pages
studio graphique des Editions Ouest-France
Photogravure
Scann'Ouest, Rennes

Cet ouvrage a été achevé d'imprimer par Mame Imprimeurs à Tours (37)
ISBN 2.7373.2976.0
N° d'éditeur : 4336.01.09.10.03
Dépôt légal : octobre 2003
Imprimé en France